BEI GRIN MACHT SICH IHR WISSEN BEZAHLT

AF131237

- Wir veröffentlichen Ihre Hausarbeit,
  Bachelor- und Masterarbeit

- Ihr eigenes eBook und Buch -
  weltweit in allen wichtigen Shops

- Verdienen Sie an jedem Verkauf

Jetzt bei www.GRIN.com hochladen
und kostenlos publizieren

Bibliografische Information der Deutschen Nationalbibliothek:

Die Deutsche Bibliothek verzeichnet diese Publikation in der Deutschen National-
bibliografie; detaillierte bibliografische Daten sind im Internet über http://dnb.d-
nb.de/ abrufbar.

Impressum:

Copyright © 2013 GRIN Verlag, Open Publishing GmbH
Druck und Bindung: Books on Demand GmbH, Norderstedt Germany
ISBN: 978-3-668-05406-6

Dieses Buch bei GRIN:

http://www.grin.com/de/e-book/305279/empirische-sozialforschung-und-grundbe-
griffe-der-stochastik-eine-lernzusammenfassung

Marina Zuber

**Empirische Sozialforschung und Grundbegriffe der
Stochastik. Eine Lernzusammenfassung**

GRIN Verlag

GRIN - Your knowledge has value

Der GRIN Verlag publiziert seit 1998 wissenschaftliche Arbeiten von Studenten, Hochschullehrern und anderen Akademikern als eBook und gedrucktes Buch. Die Verlagswebsite www.grin.com ist die ideale Plattform zur Veröffentlichung von Hausarbeiten, Abschlussarbeiten, wissenschaftlichen Aufsätzen, Dissertationen und Fachbüchern.

Besuchen Sie uns im Internet:

http://www.grin.com/

http://www.facebook.com/grincom

http://www.twitter.com/grin_com

Empirische Sozialforschung

Kursteil 1

1 Empirische Sozialforschung und empirische Theorie

1.1 Zur Situation empirischer Sozialwissenschaft

1.1.1 Funktion von Wissenschaft in der Gesellschaft

- Begriff „Soziologie" geht auf französischen Philosophen Auguste Comte (1798 – 1857) zurück

  o Positivismus, empirisch, an Fakten angelehnt und Gesetze aufzeigen

  - „Dreistadiengesetz" von Comte
  o Theologisch-fiktives Stadium
    Glaube an die Existenz von Geistern und Göttern; Priester und Theologen besetzen die Machtpositionen

  o Metaphysisch-abstraktes Stadium
    Zunehmend abstrakte Regeln; Theologen geben mehr und mehr ihre gesellschaftlich führende Stellung ab

  o Positiv-reales Stadium
    Empirische Forschung; wissenschaftliche Erklärungen; nach Comte Maßstab für die Erkenntnis

  - Wissenschaft sollte nicht nur herausfinden was „ist" (objektive Daten), sondern was „sein soll"
  - Skeptische Haltung (Kritischer Rationalismus)

1.1.2 Zum Verhältnis von Wissenschaft und Praxis

- Vorwurf von Praktikern an die Sozialwissenschaft: Praxisfern, oder Wissen, das schon längst in der Praxis bekannt ist

- Sozialwissenschaften treten in Konkurrenz zu vorhandenem Alltagswissen

o Kumuliertes Alltagswissen zeichnet sich durch hohem Grad an praktischer Bewährung im Alltag aus, da es seit langem „funktioniert", auch wenn es nicht unbedingt (wissenschaftlich) richtig sein muss, aber kann

- Es können auch wissenschaftliche Befunde vorgelegt werden, zu denen es nur wenig Alltagswissen gibt

o   Betreffen diese für Alltagserfahrungen einen eher unwichtigen Gegenstandsbereich, werden die schnell als unnütze Forschungsergebnisse abgetan

-    Unterschied Sozialwissenschaften zu Naturwissenschaften: bei Sozialwissenschaften liegt Alltagswissen vor, z. B. Kindererziehung, kann in Konkurrenz zum bisher Erlebten treten

-    Kritik von Laien an die Naturwissenschaften betrifft nicht die Aussagen, sondern die Konsequenzen der praktischen Anwendung, z. B. Atomkraftwerkgegner

1.1.3 Zum Verhältnis von Grundlagenforschung und anwendungsorientierter Forschung

-    Faktisches Forscherverhalten muss häufig Kompromiss finden zwischen den Anforderungen, die sich aus der Methodologie einerseits und aus dem Gegenstand der Untersuchung ergeben

-    Unterschiede in der Aufgabenstellung und in den Bedingungen der Projektdurchführung führen dazu, dass methodologische Prinzipien nicht im gleichen Maße realisiert werden können

-    <u>Sozialwissenschaftliche Grundlagenforschung</u>

o   zielt auf Vermehrung von möglichst allgemeingültigem Wissen; Diagnose und Erklärung sozialer Sachverhalte und Zusammenhänge.

o   Begründet die Relevanz der aufgegriffenen Themen durch Lücken im bisherigen Wissensstand

o   Resultate sind Maßstab aller Entscheidungen der Wissenschaftler; präzise Aussagen sollen ermöglicht werden, alle Randbedingungen erfassen, die Einfluss auf Ergebnisse haben können

o   Muss vor Fachleuten- und Kollegen vertreten und zu rechtfertigen sein durch Nachweis wissenschaftlicher Standards, Aktualität

-    <u>anwendungsorientierte Forschung</u>

o   stellt nicht abstrakte Zusammenhänge („Gesetzmäßigkeiten") in den Vordergrund, wie z. B ein aktueller Fall

o   Behandelt Fragestellungen aus dem Bedürfnis der Praxis (z. B. Benachteiligung von Kindern aus Unterschichtfamilien im deutschen Schulsystem)

o   Allgemeingültigkeit kann zurückgesetzt werden

o   Bei Rechtfertigungen hat man es vorrangig mit Praktikern zu tun (Praxisrelevanz)

1.1.4 Zum Verhältnis von „wissenschaftlicher Erfahrung" und Alltagserfahrung

-    Empirische Wissenschaft → Erfahrungswissenschaft

-    Empirisch-wissenschaftliche Erfahrungen und Alltagserfahrungen sind nicht grundsätzlich verschieden

o   basieren auf Beobachtungen, diese sind theoriegeleitet

o   zielen auf Klassifizierungen der beobachteten Phänomene (Sachverhalte, Ereignisse …), sind also nicht Selbstzweck

-    Unterschied Wissenschaftserfahrungen/ Alltagserfahrungen:

o   alltägliche Beobachtungen sind stärker auf einen Einzelfall (spezielle Situation) ausgerichtet, z. B. Wie entwickelt sich die Bürgerinitiative gegen den Ausbau der Autobahn? Hat sie Erfolg?

o   Alltagserfahrungen sind somit auf individuelle Ansammlung von handlungsrelevantem Wissen ausgerichtet

o   Wissenschaftliche Beobachtung ist stärker selektiv, Selektivität wirkt aber stärker verallgemeinernd und stärker kontrolliert, z. B. aus welchen Gründen bilden sich Bürgerinitiativen?

-    2 Ziele des empirischen wissenschaftlichen Arbeitens:

1.   Phänomene der realen Welt möglichst „objektiv" beschreiben und klassifizieren

2.   Möglichst allgemeingültige Regeln finden, durch die die Ereignisse in der realen Welt erklärt und Klassen von Ereignissen vorhergesagt werden können

-    Bei Alltagsbeobachtungen, „rein deskriptive" Forschung können Beobachter gänzlich unbewusst auf Theorien zurückgreifen

-    Bei hypothesen- oder theorietestender Forschung werden die Theorien für jeden ersichtlich offen gelegt

-    Wissenschaftliche Theorien sind klarer fassbar und durchschaubar; präzise definierte Begriffe, genauer Geltungsbereich („Reduktion der Komplexität")

-    Fragen: alltägliche Theorien vs. wissenschaftliche Theorien:

o   Sind wissenschaftliche Theorien durch die Reduktion der Komplexität in alltägliches Handeln umsetzbar? („Ja, in der Theorie ist das zwar so, in der Praxis aber…")
o   Sind Alltagstheorien mit ihrer Orientierung an Einzelfällen geeignet, abstrakte Sachverhalte zu erklären?

-    Keine einheitliche Auffasung darüber, welche Merkmale Alltagstheorien von wissenschaftlichen Theorien unterscheidet
-    Abhängig vom wissenschaftstheoretischen Standort

1.2 Grundpositionen der Erfahrungswissenschaft

1.2.1 Annahme der Existenz einer „tatsächlichen Welt"

- Ziel der empirischen Wissenschaft: gesicherte Kenntnisse über die Wirklichkeit gewinnen

- Setzt reale, objektive Welt voraus, unabhängig von der Wahrnehmung durch einen Beobachter

- Dies herrscht jedoch nicht mehr hinsichtlich der Möglichkeit der Erkenntnis der „Objektiven Realität"

- Erkenntnistheoretischen Realismus

o Mit Wahrnehmungssinnen kann Realität erfasst werden

o nur so sind sinnvolle Aussagen über Realität formulierbar und „empirisch" in der Realität überprüfbar

- Erkenntnistheoretischer Konstruktivismus

o Bestreitet dies, grundsätzliche Aussagen über die tatsächliche, „wahre" Beschaffenheit der Welt sind nicht möglich

o Erkenntnis und Beschaffenheit der Welt kann „passen", ist aber nicht „wahr, oder einzig richtig"

o Aus Sinnesreizen wird ein (subjektives) Bild konstruiert, man lebt in seiner eigenen „virtuellen Realität"

o Manche Autoren unterscheiden (objektive) Realität und (subjektive) Wirklichkeit

1.2.2 Ordnung, Struktur, Gesetzmäßigkeiten

- Anhänger analytisch-nomologischer, bzw. deduktiv-nomologischer Wissenschaft gehen von einer Welt der Tatsachen aus

o Ereignisfolgen laufen nach immer gleichbleibenden Gesetzen ab

o Für jedes Ereignis muss es eine Ursache geben → Kausalitätsprinzip

- Die verschiedenen Erfahrungswissenschaften unterscheiden sich durch ihren eigenen Gegenstand, z. B. Naturwissenschaften, nicht aber durch die Art des Vorgehens

o Erfahrungswissenschaften verfolgen die gleiche Verfahrenslogik, die gleichen methodischen Prinzipien (Postulat der Einheitswissenschaft)

- Vertreter der interaktionistischen oder interpretativen Sozialwissenschaft, vertreten allerdings, dass die Menschen die gesellschaftlichen Strukturen durch ihr Handeln selbst schaffen und damit auch verändern

o   Wird immer neu definiert durch vorhandenes Alltagswissen in Interaktionen und Interpretationen

o   Der jeweils gegenwärtige Zustand wird als Resultat komplexer Abfolgen von Interaktionen begriffen, der in neuen Interaktionen ständig neu interpretiert und weiterentwickelt wird

-    Gegebener Zustand als Resultat komplexer Abfolgen von Interaktionen; neue Interaktionen werden ständig weiterentwickelt

-    Analytisch-nomologische Position unterstellt auch für das Soziale Gesetzmäßigkeiten, lediglich in unterschiedlicher Ausprägung

o   Durch deduktiv-logische Ableitung auf beliebige räumlich oder zeitlich identifizierbare Situationen übertragbar → analytische Sätze; analytisch-nomologisch oder deduktiv-nomologisch

1.2.3 Empirische Erfahrung als Grundlage des Wissens

-    empirisches Wissen kann nur in Auseinandersetzung mit der Realität gefunden und durch Beobachtung der Realität abgesichert werden

-    Beobachtungen (weit gefasst):

o   Kontrollierte direkte oder indirekte Wahrnehmung mit Hilfe der menschlichen Wahrnehmungssinne

o   Unterstützt durch zu diesem Zweck konstruierte Beobachtungs- und Messinstrumente (Z. B. Befragungen)

-    **Analytisch-nomologische Erfahrungswissenschaftler** beginnen damit, Hypothesen aufzustellen

-    Dann werden Ausschnitte der realen Welt identifiziert, in denen sich die Hypothesen zu bewähren haben

o   Empirische Daten werden erhoben; Resultate in Beobachtungsaussagen beschrieben

o   Stehen die Beobachtungsaussagen mit den Vermutungen im Einklang, haben sich die Hypothesen „empirisch bewährt", das Gegenteil ist: „falsifiziert", müssen dann verworfen oder einer neuen Prüfung unterzogen werden

-    Es sind nur sachlich-methodisch begründete Entscheidungen zu treffen (Prinzip der Wertneutralität)

o   Subjektive Werte dürfen nicht berücksichtigt werden

-    Resultate der einzelnen Beobachtung müssen miteinander vergleichbar sein (Prinzip der Standardisierung der Messsituation)

-    Das Vorgehen soll von anderen Personen/Forschern nachvollzogen, beurteilt, sogar überprüft werden können (Prinzip der intersubjektiven Nachprüfbarkeit)

-    Eine andere Vorgehensweise haben die Forscher der „**interpretativen Sozialwissenschaft**" o   Keine präzise formulierten Hypothesen zu Beginn der Forschung, die überprüft werden

o   Vielmehr das Gewinnen möglichst authentischer Erfahrungen im Untersuchungsfeld (Ausschnitt der tatsächlichen Welt)

-        „Prinzip der Offenheit": keine vorab festgeschriebenen Behauptungen und Definitionen als Maßstab; unvoreingenommen

o   Präzise formulierte Hypothesen können allenfalls das Ergebnis einer empirischen Untersuchung sein

o   Ergebnissen haben durch den ständigen sozialen Wandel nur vorläufigen Charakter

-        Ob sozialwissenschaftliche Aussagen „wahr" sind, entscheiden hierbei nicht die Forscher, sondern die in der Alltagsrealität Interagierenden

o   Nicht nur objektive, sondern subjektive Deutungen der Sachverhalte durch die Akteure sollen mit erfasst werden

-        Untersuchungsgegenstand ist nicht die „objektive Realität" sondern die „subjektive Wirklichkeit" des Handelnden

o   Nicht durch Standardisierung, sondern Randbedingungen und Interpretationen werden mit erhoben

o   Dies bezeichnet man „kontrollierte Subjektivität" → qualitative Sozialforschung

-        Die **analytisch-nomologische Wissenschaft** geht davon aus, dass auch situationsspezifisch unterschiedliche Bedeutungszuschreibungen nicht beliebig erfolgen, sondern Bedeutungszuschreibungen selbst sozialen Regelmäßigkeiten unterliegen

o   Erforderlich entweder: Kontrolle der relevanten Situationsbedingungen (z. B. durch gezielte Auswahl miteinander vergleichbare Handlungssituationen)

o   Oder durch systematische Erhebung von Daten

-        Es wird versucht, die Erhebungssituation für alle Einzelfälle identisch zu gestalten (z. B. bei Interviews durch standardisierte Fragebögen)

1.2.4 Ein Missverständnis: standardisiert = quantitativ

-        Bezeichnung ist irreführend, weil Unterschiede nicht erst mit der Datenauswertung auftreten, sondern schon bei der Datenerhebung

-        **Quantitative Forschung:**

o   Streng zielorientiertes Vorgehen, das die „Objektivität" seiner Resultate durch möglichst weitgehende Standardisierung aller Teilschritte anstrebt und das zur Qualitätssicherung die intersubjektive Nachprüfbarkeit des gesamten Prozesses als zentrale Norm postuliert

-        Voraussetzungen für quantitative Forschung:

o   Informationsbedarf muss vollständig und präzise angegeben werden (Welche Infos werden für welche Zwecke benötigt?)

o   „Gegenstand" ist zu definieren und abzugrenzen

o   Entwicklung eines forschungsleitenden Strukturmodells (auch Ausformulierung expliziter Zusammenhangshypothesen)

o   Unterscheiden, ob eine Vollerhebung angestrebt wird, oder eine Stichprobe gezogen werden muss

o   Entscheiden, welche Informanten die benötigten Daten liefern sollen und welche Instrumente geeignet sind

o   Alle Entscheidungen sind zu begründen und zu dokumentieren (intersubjektive Kontrollierbarkeit)

-     Was in der „Designphase" entschieden wird, lässt sich später nicht mehr korrigieren

-     „Standardisierung" = Erhebung der Informationen vollzieht sich in jedem einzelnen Fall in gleicher Weise; gleicher Typ von Forschungskontakt ist vorausgesetzt (freundlich-neutrales Auftreten)

o   Die Prüfung – Frageverständnis und Beantwortungsweise – ist die zentrale, für Datenqualität entscheidende Funktion von Pretests, die oft vernachlässigt wird

o   Interviewer müssen sich standardisiert verhalten, sie können geschult werden, Informanten werden aber nicht geschult; Erhebungsinstrument muss daher „selbsterklärend" sein

-     Bei statistischen Verfahren handelt es sich um „quantitative Methoden"

-     Ihr Einsatz setzt „quantifizierbare" (unmittelbar auszählbare), NICHT jedoch „quantitative" (Quantitäten abbildende) Daten voraus

-     Auch qualitative Informationen (Geschlecht; Schulabschluss) können Gegenstand statistischer Analysen sein, wenn nominalskalierte bzw. ordinalskalierte Daten erhoben worden sind

1.3 Empirische Sozialforschung als „kritisch-rationale Wissenschaft"

1.3.1   Begriffsklärung

-     Empirisches Vorgehen ist Ausgehen von „Erfahrungstatsachen" wie Beobachtung, Befragung
-     Theorien, auch Alltagstheorien werden berücksichtigt
-     Bei standardisiert-quantitativ vorgehender empirischer Sozialforschung kann die ausformulierte Variante des „Kritischen Rationalismus" (Popper, Albert) gelten

1.3.2   Einige Prinzipien der empirischen Forschungsmethode in der Version des „Kritischen Rationalismus"

-     **Hauptprinzip des Kritischen Rationalismus**: Alle Aussagen müssen an der Erfahrung überprüfbar sein, müssen sich in der Konfrontation mit der Realität bewähren:
-     Alle Aussagen der empirischen Wissenschaft können somit, wenn sie unzutreffend sind, an der Erfahrung scheitern
-     Dies hat **3 Konsequenzen**:

o   *Begriffe* müssen sich auf die erfahrbare Realität beziehen; empirischer Bezug der
Begriffe

o   *Sätze* oder Aussagen müssen eine Beschreibung von Zusammenhängen oder
Sachverhalten bieten, die ebenfalls erfahrbar sind

o   Sätze müssen so *formuliert* sein, dass sie prinzipiell widerlegbar sind. Nicht
zugelassen sind analytisch wahre Aussagen sowie „Es gibt" Sätze Existenzbehauptungen)

-        „Analytisch wahre" Aussagen sind z. B. Tautologien. Diese sind immer wahr, können
nicht scheitern, sind empirisch nicht widerlegbar

-        Asymmetrie zwischen Falsifikation und Verifikation

o   **All-Aussagen** sind prinzipiell nicht verifizierbar, aber ein einziger Fall reicht, um sie
zu falsifizieren

o   Nicht eingegrenzte **Existenzaussagen** sind nicht falsifizierbar, aber auch hier reicht
ein spezieller Fall, um sie zu verifizieren

-        Problem:

1.   Der Fall muss der Beobachtung zugänglich sein

2.   Die Aussage über die Feststellung eines Sachverhaltes, der mit der All-Aussage im
Widerspruch, bzw. mit der Existenz-Aussage im Einklang steht, muss „wahr" sein, mit den
Fakten übereinstimmen

-        Zunächst bleibt festzuhalten:

o   Aussagen der Erfahrungswissenschaften (Hypothesen, Theorien) sollen über die
Realität des Gegenstandes *informieren,* für den sie gestellt wurden

o   Sie müssen an der Realität *scheitern können.* Dies grenzt empirische Theorien von
anderen Aussagesystemen ab

➔   *Abgrenzungskriterium* empirischer Wissenschaft

-        Es schleicht sich oft ein sprachliches Missverständnis ein, nämlich, dass nicht
unterschieden wird zwischen Formulierungen: „Eine Aussage *ist* wahr/nicht wahr" und „Die
Wahrheit der Aussage ist *bewiesen*/nicht bewiesen

o   Das heißt nicht, dass die All-Aussage niemals (endgültig) *wahr sein* könne, sondern
die Wahrheit kann nicht *endgültig bewiesen* werden (verifiziert werden)

-        Daher hat der kritische Rationalismus als *eine* Strategie das Vorgehen bei der
Überprüfung empirischer Aussagen empfohlen:

o   Hat sich eine Hypothese/Theorie als empirisch falsch erwiesen, darf sie in der
gegenwärtigen Formulierung keine Geltung mehr beanspruchen

-        Dies bietet 2 Alternativen

o   Entweder die falsifizierte Hypothese ist zu verwerfen

o   Oder sie kann unter Berücksichtigung neu gewonnener Erkenntnisse so formuliert werden,
dass ihr „Falschheitsgrad" eliminiert wird; ist somit neuen empirischen Tests zu unterwerfen; bestätigt
sie sich, gilt sie als *vorläufig bestätigt.* Bei mehrmaligen wiederholten Tests gelten sie als *bewährte
Aussagen*

-        *Bewährte Aussagen* sind im Allgemeinen durch *einschränkende Randbedingungen* oder
andere Einschränkungen relativ eingegrenzt worden; *Aussagen mit einschränkender Reichweite* und
keine All-Aussagen

-        Diese sollen als allgemeinere Hypothesen mit einem höheren *Informationsgehalt* erweitert
werden; spezifische Hypothesen können unter Angabe bestimmter Randbedingungen deduktiv
abgeleitet werden

- Vorgehensweise: empirischer Test →bei Falsifikation Umformulierung → erneuter Test → bei Bestätigung Verschärfung der Prüfungsbedingungen → usw.

- Durch Versuch und Irrtum kommt man an „wahre Aussagen"

1.3.3 Probleme und Dilemmata bei der Suche nach empirischen „Gesetzen"

1. Problem:

- Endgültige Zurückweisung einer Aussage, sobald nur *ein einziger Fall* auftaucht, der im Widerspruch zur Theorie/Hypothese steht.

- Gilt nur für *nomologische* (deterministische) Gesetzesaussagen, deren Geltungsanspruch weder räumlich noch zeitlich eingeschränkt ist

2. Problem

- Die Entscheidung über Zurückweisung einer empirischen Hypothese erweist sich bei konträren Beobachtungen als weitaus schwieriger, als bisher vereinfachend dargestellt wurde

- Da Hypothese ja nicht mit der tatsächlichen Realität konfrontiert wurde, sondern nur mit anderen Aussagen über Realität (Beobachtungsaussage); daher kann diese selbst falsch sein

→ Basissatzproblem

Zu Problem 1:

- Eine Rettungsmöglichkeit sind *Aussagen mit einschränkender Reichweite*; man gibt also einschränkende Randbedingungen an

- Diese haben allerdings geringeren Informationsgehalt; ; Aussagen sind nur noch für eine kleinere Zahl konkreter Situationen ableitbar (= potentielle oder „theorieimlizierte" Basissätze)

- Kann so eingeschränkt werden, dass die Aussage keinen empirischen Gehalt mehr hat und nicht mehr überprüfbar ist →Die Menge der potentiellen Falsifikatoren ist eingeschränkt worden

- Teilweise bewährte Theorien sind so umzuformulieren, dass ihr Wahrheitsgehalt nicht verloren geht und ihr Falschheitsgrad eliminiert wird

- Bewährte Aussagen sind gehaltserweiternd umzuformulieren und kritisch neu zu prüfen

→Schritt für Schritt Annäherung an das Idealbild empirisch bewährter Nomologien

- Eine weitere Rettungsmöglichkeit ist, nicht deterministische (immer wenn x, dann auch y), sondern *statistische Aussagen* zu formulieren

- Die *im Durchschnitt* formulierte Hypothese dürfte sich so bestätigen; Einzelbeobachtungen reichen aber nicht aus

- Die Wahrscheinlichkeitsstatistik stellt hierfür geeignete Modelle bereit

Zu Problem 2:

-   Über die Wahrheit einer empirischen Aussage (Hypothese) entscheidet die Konfrontation mit der Realität = objektiv

-   Stimmt der semantische Gehalt (Bedeutung) mit den Aussagen über die Realität überein, gilt sie als ‚richtig'

-   Anderenfalls gilt sie als falsch (= Korrespondenztheorie der Wahrheit)

-   Sinneswahrnehmungen als Grundlage für jegliche Form von Wissen

-   Das erkennende Subjekt vergleicht den semantischen Gehalt der Aussage (= Behauptung über die Realität) mit seinem Wahrnehmungserlebnis (= mit dem durch die Wahrnehmungssinne erkannten Gegebenheiten der Realität)

-   Für diese Richtigkeit oder Falschheit muss einer die Gegebenheiten der Realität korrekt abbildenden (objektiven) Wahrnehmung unterstellt werden. → früherer Positivismus

-   Das Wahrnehmungserlebnis ist allerdings nur subjektive Erfahrung, eine Beobachtungsaussage

-   Erst diese Beobachtungsaussage lässt sich vom erkennenden Subjekt ablösen und Basis für intersubjektiv geteilte Erfahrung werden.

-   Beobachtungsaussage = Protokoll eines Einzelnen; singuläre Aussage; raum-zeitlich fixierter Beaobachtungsfall

-   Aus abstrakt und allgemein formulierter Hypothese sind durch logische Deduktion konkrete und beobachtbare Realitätsbehauptungen abzuleiten,; *auf eine konkrete empirische Basis beziehen*

-   Ein Vergleich ist möglich: die deduktiv aus der Hypothese abgeleiteten *theoretischen bzw. theorieimplizierten Basissätze* mit den *empirischen* Basissätzen

-   **„Basissatz-Dilemma":**

o   Im Unterschied des früheren Positivismus kann es eine voraussetzungslose Wahrnehmung nicht geben; jede Wahrnehmung ist „theoriegetränkt"

o   Die Realität ist durch Begriffe bereits vorstrukturiert; für Dinge, für die wir keine Vorstellungsinhalte (keine Begriffe) haben, sind wir praktisch blind

-   Realitätstheorie muss angewendet werden; bei der wissenschaftlichen Beobachtung sind weiterer Theorien anzuwenden:

-   Für den mit dem theoretischen Begriffen gemeinten (nicht direkt beobachteten) Sachverhalt müssen unmittelbar wahrnehmbare Sachverhalte bestimmt und über sog. „Korrespondenzregeln" mit dem theoretischen Sachverhalt verknüpft werden, um als Indikatoren zu dienen

-   Zur Protokollierung müssen Messinstrumente entwickelt werden

-   Der schließlich zu formulierende empirische Basissatz ist das Resultat von Wahrnehmungs- und Instrumententheorien sowie ihrer praktischen Anwendung

Fazit: Eine objektive Abbildung der Realität können empirische Basissätze nur sein, in dem diese (Hilfs)Theorien nicht fehlerhaft sind und bei ihrer Anwendung keine Fehler begangen worden sind

- Aber: Das Forschungsprojekt ist nicht ohne die implizite *Unterstellung der Richtigkeit* anderer Hypothesen zu dieser Aussage gekommen. Solche Hintergrundhypothesen sind genauso wenig verifiziert wie andere empirische Hypothesen

- Der Protokollsatz (empirische Basissatz) ist somit nicht verifiziert; eine unsichere Datenbasis

- Logische Konsequenz: er kann auch nicht endgültig falsifiziert werden

- Diese Lösung ist nur *konventionalistisch*, d. h. durch die Vereinbarung der Wissenschaftlergemeinde möglich (=*Vereinbarung*):

o Der Forscher hat den gegenwärtigen höchstmöglichen methodischen Standard einzuhalten

o Die Forschungsprozesse, die zu der Datenmatrix geführt haben, müssen intersubjektiv überprüfbar und nachvollziehbar sein (Dokumentation; Begründung)

- Das empirische Forschungsprojekt muss offen für Kritik anderer Wissenschaftler und der Öffentlichkeit sein →**kritischer Rationalismus**

- Zusammengefasst:

o Unmöglichkeit der Verifikation empirischer Hypothesen zieht auch die Unmöglichkeit der Falsifikation mit sich

o Dies wird mit Vereinbarung umschifft →Konvention

o Das Ziel der Objektivität muss somit mangels Einlösbarkeit (subjektive Wahrnehmungserlebnisse) zurückgenommen und reduziert werden auf das Konzept der „*kontrollierten Intersubjektivität*"

1.3.4 Hypothesen und Theorien

- Ziel der empirischen Forschung: systematisches Erfassen von Zusammenhängen

- Beschreibung von Zusammenhängen geschieht durch *Theorien*

- Theorien = Systematisierung gesammelten Wissens

- **Definition „*empirische Theorie*":**

o Ein *System logisch widerspruchsfreier Aussagen* (Sätze, Hypothesen) über einen jeweiligen Untersuchungsgegenstand *mit den zugehörigen Definitionen* der verwendeten Begriffe

- *Hypothesen* sind zunächst nur Vermutungen über einen Tatbestand

- **Definition „*Hypothese*":**

o Eine *Vermutung über einen Zusammenhang* zwischen mindestens 2 Sachverhalten

- Interessant ist an Hypothesen nur, ob sich die Vermutungen empirisch widerlegen oder bestätigen lassen

- Zu einer *Theorie* gehören *mehrere Hypothesen, einem System von Hypothesen* über einen Gegenstandsbereich ; sie dürfen sich nicht widersprechen

1. Anforderung an Hypothesen:

- Sie müssen an der Erfahrung prinzipiell scheitern können (Kriterium der Prüfbarkeit)

2. Anforderung:

- Bezogen auf die Theorie: Aussagen müssen in einem erkennbaren Zusammenhang zueinander stehen und sich auf den gleichen Gegenstandsbereich beziehen; *geordnete Aussagen*

3. Anforderung:

- Aussagen müssen miteinander logisch verträglich sein (*Kriterium der inneren Konsistenz*); was in einer Hypothese gesagt wird, steht nicht im Widerspruch zu den jeweils anderen Aussagen

- Axiomatisch formulierte Theorien

o Deduktive Ableitung aus vorherigen Sätzen; abgeleitete Hypothese (Theorem)

o Enthält mehr Informationen, als schon in den Axiomen stecken; fasst Informationen von Axiomen zusammen

- In einer *Theorie* müssen verwendete Begriffe definiert werden

1.3.5 Empirische Theorie und Realität

- Es muss immer eine gezielt *Selektion* der Merkmale des Untersuchungsgegenstandes vorgegeben werden, die beobachtet werden sollen

- Erst dann kann beobachtet, befragt und Daten erhoben werden

- Beobachtungen sind prinzipiell theoriegeleitet, d. h. unabhängig von impliziten und expliziten theoretischen Vorurteilen kann keine Erfahrung gemacht werden.

- Nach *Zetterberg* (1973) benötigen wir ein *deskriptives Schema,* eine Begriffsanordnung, die uns zu den Phänomenen führt, denen wir uns zuwenden wollen

o Setzt implizite theoretische Überlegungen über die Eigenschaften des Gegenstandsbereichs und den Beziehungen zwischen diesen Eigenschaften („Modell" des Untersuchungsgegenstandes) voraus

o Versuch, alle (objektiven) Faktoren zu erfassen, die Meinungen und Einstellungen zu differenzieren scheinen, z. B. bei sozialstatistischen Merkmalen

o Hinter einem *deskriptiven Schema (Merkmalsliste)* steht eine Theorie über Zusammenhänge von „objektiven" (soziodemographischen) Persönlichkeitsmerkmalen mit „subjektiven" Persönlichkeitsmerkmalen wie Meinungen, Einstellungen

→ *Wechselseitige Abhängigkeit von Theorie und Empirie:*

> Je besser die theoretischen Kenntnisse, umso brauchbarer wird das deskriptive Schema, das die Erhebung lenkt. Je besser das deskriptive Schema, um so theoretisch relevanter werden die erhobenen Daten und umso besser sind die Voraussetzungen für die Fortentwicklung der Theorie

- Der Forscher wird bei den theoretischen Formulierungen bereits die Methoden der Datenerhebung und die möglichen statistischen Auswertungsverfahren mit bedenken müssen und dies auf die theoretischen Überlegungen rückbeziehen müssen.

- Zusammengefasst:

o **Theorien** sind wesentliche Denk-„Werkzeuge", die den Zugang zur Realität ermöglichen

o Theorien liefern grundlegende Orientierung, definieren den Objektbereich; legen den Gegenstand der Forschungstätigkeit fest

o Sind das begriffliche Bezugssystem; systematische Darstellung und Klassifizierung der als relevant definierten Aspekte des Objektbereichs

o Liefern empirisch ermittelte Fakten zu Generalisierungen. Man kann unterscheiden nach Ad-hoc-Theorien, Theorien mittlerer Reichweite und solchen höherer Komplexität („allgemeine Theorien")

o Ermöglicht Vorhersage über zukünftige Ereignisse; man erwartet ihre Gültigkeit auch in der Zukunft

o Sie gibt Hinweise auf vorhandene Wissenslücken

1.3.6 Hypothesentest und Theorieentwicklung im Wechselspiel von Theorie-Empirie-Theorie

- Durch *deduktiv-analytische Ableitungen* kann man zu Hypothesen kommen, die spezifischer sind, z. B. auf eine Gruppen, Zeitpunkte, Personen (singulär) bezogen werden anstatt allgemein

- Solche singulären Behauptungen lassen sich durch Beobachtungen prüfen, ob diese zutreffen

- Zur *empirischen Beobachtung* ist auf der methodologischen Seite zusätzlich die *Verknüpfung der sprachlichen mit der empirischen Ebene* herzustellen

o Beobachtbare Sachverhalte begründen

o Auswahl eines Datenerhebungsinstruments (Operationalisierung)

o Statistische Modelle sind anzuwenden zur Datenauswertung

o Als Resultat werden „Beobachtungsaussagen" festgehalten

- Bis zum Resultat hat der Wissenschaftler auf „Hilfstheorien" zurückzugreifen, deren Richtigkeit aber nicht empirisch geprüft werden kann; deren Richtigkeit muss vielmehr unterstellt werden

- Tests von den Psychologen Sherif und Hofstätter S. 49/50

1.4 Empirische Verfahren und alternative Wissenschaftspositionen

1.4.1 Ähnliche Methoden – unterschiedliche Erkenntnisinteressen-

- Zwar gilt der Kritische Rationalismus als Grundlage der Orientierung, aber andere wissenschaftstheoretischen Programme sind weder bedeutungslos noch völlig unterschiedlich

- Unterschiede sind nach W. Friedrich und W. Hennig im Bereich des

o Entdeckungszusammenhangs (Wie kommt Wissenschaft zu seinem Forschungsproblem?) und der

o Verwertung der Forschungsergebnisse (Für wen und in wessen Interesse werden die Erkenntnisse genutzt?)

- Nach Kritischem Rationalismus vollzieht sich Erkenntnisprozess in ständiger Wechselbeziehung zwischen Theorie/Hypothese und Empirie

- Theorie und Empirie sind aufeinander bezogen (aus Lehrbuch von Friedrich/Hennig, 1975)

- Von Forschungs (Prozess) sprechen diese dann, wenn die Erkenntnistätigkeit

o Den Kriterien und Normen des *wissenschaftlichen* Erkenntnisprozesses genügt

o Eine *empirische* Analyse des Forschungsobjekts einschließt

o Auf Gewinnung *neuer* Erkenntnisse gerichtet ist (Erkenntnisfortschritt); unterschiedliches Erkenntnisinteresse

- Nach Auffassung der analytisch-nomologischen Wissenschaftsposition ist die Fragestellung, unter der ein Forschungsgegenstand untersucht werden soll, beliebig formulierbar

- Aus marxistischer Sicht sollte sozialwissenschaftliche Forschung gezielt eingesetzt werden, um *neues* Wissen zu erlangen, mit dem *wesentliche* Probleme des alltäglichen Lebens gelöst werden sollen

o Einheit von Theorie und Praxis

1.4.2 Einige Unterschiede erkenntnistheoretischer Schulen

- Es soll illustriert werden, dass es *die* Wissenschaft als ein einheitliches und unbestrittenes System der Erkenntnisgewinnung nicht gibt

- Es gibt einige *Hauptströmungen*, die man zusammenfassen kann:

o *Analytisch-nomologische* Richtung mit Ausprägungen wie Empirismus, logischer Empirismus, Neo-Positivismus; Kritischer Rationalismus; Falsifikationismus, Fallibilismus

o *Hermeneutisch-dialektische* Richtung wie emanzipatorische Richtung, Frankfurter Schule, Kritische Theorie, hermeneutischer Ansatz …

o *Dialektisch-materialistische* Richtung wie marxistische, neo-marxistische Richtung, Materialismus …

o   *Qualitative Sozialforschung* wie „interpretatives Paradigma", „symbolischer Interaktionismus", „natural socioloy", Ethnomethodologie …

-      Hier sind die zwei Strömungen gegenübergestellt:

o   Kritischer Rationalismus (analytisch-nomologisch)

o   Kritische Theorie der Frankfurter Schule (hermeneutisch-dialektisch)

1. Kriterium: „Kritik" und Erkenntnisziel

Ziel der erfahrungswissenschaftlichen Soziologie:

-      Soziale Phänomene *beschreiben* und *erklären*

-      Theorie als System empirisch prüfbarer Aussagen, Empirie als dominierende Stellung

-      Theoretische Aussagen und deren Überprüfung müssen intersubjektiv nachvollziehbar, intersubjektiv überprüfbar und kritisierbar sein

-      Technisches Erkenntnisinteresse

-      *Kritik beim „Kritischen Rationalismus"* heißt:

o   Kritische Überprüfung der Forschungsergebnisse und das Vorgehen beim Erzielen von Ergebnissen durch anderer Forscher, der (wissenschaftlichen) Öffentlichkeit

o   Erkenntnisziel ist die Aufklärung an über das, was wirklich ist; Annäherung an die Wahrheit durch Aussonderung falsifizierter und härterer Überprüfung bestätigter Theorien

o   *Bewertung* der Realität gehört nicht zum Gegenstand der Wissenschaft, da Werte nicht wissenschaftlich, d. h. intersubjektiv begründbar sind

Ziele der „Kritischen Theorie" (dialektisch-kritischer Ansatz):

-      Nicht nur Beschreibung und Erklärung sozialer Phänomene (nomologisches Wissen) als Gegenstand, sondern *kritische Beurteilung der sozialen Tatbestände.*

-      *Kritik im Sinne der „kritischen Theorie"* heißt:

o   Nicht kritische Überprüfung theoretischer Aussagen *an* der Realität, sondern kritische Auseinandersetzung *mit* der Realität

o   Nicht ein eher technisches, sondern ein emanzipatorisches Erkenntnisinteresse

o   Mensch hat als wollendes Subjekt die soziale Wirklichkeit selbst produziert, geleitet von Werten und Bedürfnissen

o   Prüft, wann die theoretischen Aussagen invariante Gesetzmäßigkeiten des sozialen Handelns überhaupt und wann sie ideologisch festgefrorene, aber veränderliche Abhängigkeitsverhältnisse erfassen

o   Emanzipatorisch, weil das Erkenntnisinteresse auf Selbstreflexion abzielt

o   Ist nicht wertfrei; zielt auch ab, was sein soll und nicht nur auf das, was ist

2. Kriterium: Thematisierung der Wirklichkeit

Aus erfahrungswissenschaftlicher Sicht:

-       Tatbestände der Realität könne mit einer Unzahl verschiedener Themen angegangen werden

-       Man trägt Fragen an den Gegenstand heran; Blickwinkel prinzipiell beliebig

-       Die Begriffe strukturieren die Wirklichkeit

Aus dialektisch-kritischem Ansatz:

-       Soziale Tatbestände als Produkt der jeweiligen gesellschaftlichen Verhältnisse, in der auch die Forscher selbst leben und handeln

-       Die *Gegenstände* lenken die Erkenntnis

-       Das Entscheidende ist, dass die Theorie über die bewusst gestaltete Praxis Einfluss nimmt

-       Auffassung des Forschers ist von der Gesellschaft zwingend vorgegeben

2 Forschungsfragen, Forschungsdesign, Forschungsprozess

- Forscher sind gezwungen, in gründlicher *Auseinandersetzung mit dem Untersuchungsgegenstand* immer wieder neu ein für die jeweilige Fragestellung geeignetes *Untersuchungsdesign* zu entwerfen (Untersuchungsplan)

2.1 Fragestellungen und Forschungsansätze: Einige Beispiele

- bei relativ neuem Forschungsgegenstand ist der Forscher darauf angewiesen, möglichst „offene", wenig standardisierte Erhebungsinstrumente einzusetzen (Z. B. Leitfadengespräche, Gruppendiskussionen…)

o Untersuchung hat somit erkundenden Charakter (*Exploration*) → S. 66

o Im Gegensatz dazu die *exakte Beschreibung* eines komplexen Sachverhalts

- Erkenntnisinteresse kann *statisch* sein (auf den *Zustand* zu einem bestimmten Zeitpunkt)

o Einmalige Datenerhebung genügt

- Oder dynamisch sein (kurz-, mittel- oder langfristige *Entwicklungen* und Veränderungsprozesse)

o Erhebungen müssen längerfristig durchgeführt werden oder zu verschiedenen Zeitpunkten wiederholt werden

o *Panel-Analysen*: wenn Datenerhebungen z. B. immer bei den gleichen Personen, Haushalten … stattfinden

o *(komparativ-statistische) Analysen:* wenn bei wiederholten Erhebungen die Untersuchungseinheit neu ausgewählt wird und bei der Auswertung lediglich statistische Merkmalsverteilungen verglichen werden (vergleichend-statistisch)

- „Statische" Ansätze = *Querschnittuntersuchungen*

o untersucht den Zustand zu einem bestimmten Zeitpunkt während einer einmaligen Datenerhebung

- „Dynamische" Ansätze = *Längsschnittuntersuchungen*

o untersucht kurz-, mittel- bzw. langfristige Entwicklungen während mehrmaliger Datenerhebungen

- Daten aus hinreichend vielen Wiederholungszeitpunkten = *Trend- oder Zeitreihenanalysen*

- Für den Spezialfall zeitlicher Übereinstimmung von Ereignissen/Prozessen und ihrer Erhebung = *Realzeituntersuchung*

- Bisher wurden also *zwei Typen deskriptiver Fragestellungen* in verschiedenen Variationen vorgestellt

o   Exploration und Diagnose

o   Erhebung von Daten im sozialen Feld

-     *Bei theorietestenden Analysen* kann es notwendig werden , Untersuchungssituationen künstlich zu schaffen

o   „Labor"-Untersuchungen

o   Forschungsdesign ist im Allgemeinen das Experiment

-     Untersuchung kann das *Grundlagenwissen* vergrößern oder *anwendungsorientierte* Informationen zur Verfügung stellen

-     Der *Anwendungsbezug* kann mehr oder weniger direkt sein, Z. B. wissenschaftliche Begleitung eines kommunalen Projekts

-     Bei *anwendungsbezogener Forschung* kann auch mit Hilfe empirischer Informationen beurteilt, mit Hilfe empirischer Daten bewertet werden

o   Evaluationsstudien

o   Für zukünftige Entwicklungen: Prognose

-     Diese Auflistungen als Zweck, um die Behauptungen zu belegen, dass das Vorgehen der empirischen Sozialforschung nicht in einer umfassenden und allen denkbaren Aufgaben gerecht werden Rezeptsammlung kodifizierbar sind.

2.2 Der Forschungsprozess als eine Reihe ineinander verzahnter Entscheidungen

-     Die Funktion dieses Abschnitts soll insbesondere den „roten Faden" für den weiteren Test liefern; im realen Forschungsverlauf werden aber Überschneidungen, Sprünge und Rückkopplungen die Regel sein

-     Jedes Forschungsprogramm beinhaltet eine Fülle von *Entscheidungen über den Umgang mit anfallenden Problemen* (Eingrenzung des Themas, Wahl der Instrumente …), die erhebliche Auswirkungen auf das Forschungsresultat haben können und zur Sicherung intersubjektiver Nachvollziehbarkeit sorgfältig zu dokumentieren sind

-     Die vom Forscher zu treffenden Entscheidungen richten sich auf folgende Punkte:

o   Klärung des „Entdeckungs-„ und des „Verwendungszusammenhangs":

▪   Welches Problem soll erforscht werden (Forschungsfrage)? Warum dieses Problem?

▪   Wessen Probleme werden aufgegriffen?

▪   Usw.

o   Präzisierung der Problemformulierung, „dimensionale Analyse" des Forschungsgegenstands:

- Welche Bereiche („Dimensionen") der Realität sind durch die Forschungsfragestellung explizit angesprochen?

- Welche Dimensionen werden berührt, ohne direkt angesprochen zu sein?

- Usw.

o Zuordnung von geeigneten Begriffen zu den als relevant angenommenen Dimensionen:

- Existieren bereits eindeutig verwendete und für die Fragestellung geeignete Begriffe? Oder müssen Begriffe neu eingeführt werden?

- Usw.

o Einordnung der Problemstellung in vorhandene Kenntnisse (Theorien, Forschungsergebnisse, Methoden); Hypothesenbildung unter Verwendung der definierten Begriffe; Entscheidung über das Forschungsdesign

- Welche theoretischen Kenntnisse sind über den Untersuchungsgegenstand sowie über Beziehungen zwischen den angesprochenen Dimensionen vorhanden? Welche Vermutungen können zusätzlich formulier werden?

- Usw.

o Auswahl von „Indikatoren" für die verwendeten Begriffe (falls erforderlich):

- Fassen Begriffe mehrere Dimensionen der Realität zusammen, so dass von einzelnen Aspekten auf den Gesamtbegriff (das sprachliche Konstrukt) geschlossen werden muss?

o Festlegung des erforderlichen Differenzierungsgrades der Informationen sowie Angabe der Messinstrumente („Operationalisierung" der Begriffe):

- Kann auf bewährte Erhebungsinstrumente und Skalen zurückgegriffen werden? Oder ist ein spezifisches Instrument zu entwickeln (Pretest)?

o Festlegung der Objekte (Merkmalsträger), bei denen die Merkmale gemessen werden sollen; Definition der Grundgesamtheit; ggf. Entscheidung über Art und Umfang der Stichprobe:

- Wer sind die Merkmalsträger? (Personen, Gebiete, Zeitschriften, Zeitpunkte…)

o Erhebung und Aufbereitung der Daten:

- Ist eine Primärerhebung erforderlich? Oder existieren bereits benötigte Infos anderswo (Sekundärauswertungen)?

o Verringerung der Unübersichtlichkeit der Informationsfülle, Straffung und Verdichtung von Informationen (Anwendung statistischer Modelle und Verfahren):

- Sollen die erhobenen Daten quantitativ ausgewertet werden?

- Welche statistischen Modelle sind geeignet?

o Interpretation der Ergebnisse; Rückbezug zu den Punkten a-i

Im *Interpretationsprozess* sind folgende Fragen zu klären:

- Sind die statistischen Modelle sowohl Messniveau der Daten als auch der empirischen Realität angemessen? Werden die im Hinblick auf die Problemstellung wesentlichen Infos ausgewertet? Können also die berechneten Beziehungen zwischen den Daten (= zwischen den Reihen von Zahlen) überhaupt in Beziehungen zwischen Dimensionen der Realität zurückübersetzt werden? Vgl. i

- Wenn ja → siehe S. 72/73

o Dokumentation des Forschungsprozesses und der Ergebnisse (Forschungsbericht) sowie Präsentation der Befunde:

- Wie ausführlich sind die Entscheidungen im Projekt die verwendeten Instrumente zu dokumentieren? (Sicherung der Möglichkeit intersubjektiver Nachprüfung)? Usw...

2.3 Entdeckungs-, Begründungs- und Verwertungszusammenhang: Das Problem der Wertungen in der empirischen Forschung

- Punkt a) des Abschnitts 2.2 als Ausgangspunkt und Ziel der Forschung; Bezugsgröße für alle Überlegungen; liefert Kriterien für Entscheidungen

- Unterscheidung zwischen Entdeckungs-, Begründungs- und Verwertungs- bzw. Wirkungszusammenhang der Forschung soll herangezogen werden

o Geht im Wesentlichen auf *Reichenbach* zurück

o Erweist sich als nützlich in der Einschätzung des *Werturteilsfreiheits-Postulats* der Erfahrungswissenschaft

- Wertungen sind im Kritischen Rationalismus ein Problem:

1. Erfahrungswissenschaft soll über die Realität informieren, beschreiben und erklären. Wertende Aussagen können nicht aus Tatsachenaussagen logisch abgeleitet werden: Aus dem was *ist*, kann nicht hergeleitet werden, was *sein soll*

   Wertungen sind nicht objektiv, sondern subjektive Sicht der wertenden Person/Instanz; Kriterien der Wahrheit und Falschheit können nicht angewendet werden

2. Die Wahrnehmungspsychologie hat nachgewiesen, dass man vor allem das erkennt, was man zu erkennen hofft; Unvertrautes wird so interpretiert, dass es in das eigene Orientierungsraster hineinpasst; um dies zu verringern, muss die strikte Neutralität das Leitprinzip bei der Informationserhebung sein, um ‚objektive Realität' eine Chance zu geben

3. Soziale Realität in der Ganzheit kann nicht untersucht werden; man muss selektiv vorgehen, nur ein Ausschnitt der Realität ist analysierbar; Selektion kann aber nur vorgenommen werden unter Bezugnahme auf Werturteile (z. B. Bewertung der Aktualität des Themas ...); diese Wertungen dürfen aber die wissenschaftliche Geltung der Ergebnisse nicht beeinträchtigen

→ Forderung nach strikt interessenneutralen und unparteiischem Vorgehen als Postulat der Wertneutralität/Werturteilsfreiheit

- *Postulat der Werturteilsfreiheit nach Max Weber* (1904) bedeutet lediglich, dass

o   Die Wissenschaftler ihre *subjektiven* Wertungen die Entscheidungen *innerhalb* des Forschungsprojekts nicht beeinflussen dürfen

o   Das *Wertneutralitätspostulat* bezieht sich ausschließlich auf den sog. Begründungszusammenhang (die methodologischen Schritte, mit denen das Problem untersucht wird)

o   Innerhalb des *Begründungszusammenhangs* dürfen Entscheidungen nicht auf Basis subjektiver Wertungen zustande kommen

-    *Das Postulat der Wert(urteils)freiheit* lautet demnach:

1.   Werturteile sind erfahrungswissenschaftlich nicht begründbar

2.   Im Begründungszusammenhang der Forschung haben subjektive Werturteile keinen Platz; Wissenschaftler haben sich auf methodologisch begründbare Schlussfolgerungen und intersubjektiv nachprüfbare Aussagen zu beschränken

-    *Werturteile* können somit *nicht Inhalt* erfahrungswissenschaftlicher Aussagen sein

-    *Werturteile* können aber *Gegenstand* sozialwissenschaftlicher Untersuchungen sein (Z. B. Analyse des Ideologiegehalts von Propagandasendungen)

-    *Vorab zu fällende Werturteile* sind Grundlage jeder Wissenschaftlichen Aussage; Wissenschaftstheorie und Methodologie sind Bestandteile der *Wertbasis* und somit normativ, setzen fest, was zumindest vorläufig akzeptiert werden *soll*

→*immanente Basisregeln(Normen) des Forschens einer Wissenschaftlergemeinde*

Definition: Werturteilsfreiheitspostulat:

Das Werturteilsfreiheitspostulat kann nach diesen Überlegungen dahingehend präzisiert werden: Innerhalb des Begründungszusammenhangs erfahrungswissenschaftlicher Forschung ist auf andere als wissenschaftsimmanente Wertungen zu verzichten!

Ist dies realisierbar?

-    Begriffsdefinitionen und Operationalisierungen haben Auswirkungen auf die Ergebnisse

-    Es würde bedeuten, dass bereits vollständiges Wissen über den Untersuchungsgegenstand vorhanden ist, was aber dann eine Forschung überflüssig machen würde

o   Praktisch wird so vielfach auch *innerhalb* des Begründungszusammenhangs auf Argumente aus dem Entdeckungs- und Verwertungszusammenhang Bezug zu nehmen sein   (= wissenschafts*externe* Wertungen als Basis von Entscheidungen) oder

o   Die Intuition des Forschers wird weiterhelfen (= *subjektive* Überzeugungen)

-    Diese Wertbezüge dürfen nur nicht verschleiert werden

-    Durch *Offenlegung aller Wertbezüge* entsteht eine Voraussetzung für wechselseitige Kritik innerhalb des Wissenschaftssystems (eine Forderung des Kritischen Rationalismus)

- *Entdeckungszusammenhang* =

o   Anlass, der zu einem Forschungsprojekt geführt hat

o   Erkenntnissinteresse spielt eine Rolle

o   Problembezogene politische Interessen

-     Enge Verzahnung des Entdeckungszusammenhangs mit dem Verwertungs- und Wirkungszusammenhang der Forschung

o   Jede Untersuchung kann zur Lösung sozialer Probleme beitragen oder Lösungen verhindern/verzögern

2.4 Forschungsplanung und Forschungsdesign

-     Trotz aller „Individualität" gibt es für bestimmte Gruppen von Fragestelllunge unterschiedliche Designtypen mit jeweils spezifischer Forschungslogik (wie z. B. ein Architekt unterschiedliche Gebäude kennt)

1.   Theorie- und hypothesentestende Untersuchung

2.   Experiment und quasi-experimentelle Ansätze

3.   Standardmodell der Programm-Evaluation

4.   Deskriptives Surveymodell (Querschnittserhebung nichtexperimenteller Daten)

2.4.1 Das von *Hempel/Oppenheim* deduktiv-nomologisches Schema wissenschaftlicher Erklärung *(H-O-Schema)*als Vergleich:

-     Ausgangspunkt: etwas völlig unerwartetes ist passiert

-     Anders ausgedrückt: für einen „zu erklärenden Sachverhalt" (Explanandum) wird ein „erklärendes Argument" (Explanans) gesucht

-     Im analytiscch-nomologischen Wissenschaftsverständnis: *Kausalität* als Wirkungsprinzip in der empirischen Realität

1.   Der „zu erklärende Sachverhalt" als Effekt einer wirksam gewordenen Ursache

2.   „Erklärung" bestünde also in der Angabe der Ursachen

-     Beispiel für einen „erklärungsbedürftigen Sachverhalt": „Die Studiendauer der Studierenden an deutschen Universitäten ist lang" → dies ist schon die „eingetretene Wirkung"

-     Erklärung von manchen: „Die Lehre an deutschen Universitäten ist schlecht" (DER SPIEGEL) → vorliegende Ursache

22

- Als Argument aber unvollständig, es fehlt der Ursache-Wirkungs-Zusammenhang; das Beispiel könnte dann lauten: „Wenn die Lehre an der Hochschule schlecht ist, dann ist die Studiendauer lang" → *Ursache- Wirkungs-Prinzip*

- Aus Alltagserklärung wird wissenschaftliche Erklärung

- Bedingungen:

1. Es muss sich beim „Ursache-Wirkungs-Prinzip" um ein „empirisches Gesetz" handeln"; Begriffe müssen präzise definiert und operationalisiert sein

2. Die vorliegende Ursache und eingetretene Wirkung muss „empirisch wahr" sein

- Allgemein ausgedrückt lautet das deduktiv-nomologische Erklärungskonzept von Hempel/Oppermann (DN-Schema oder H-O Schema):

Explanans: 1. Es gilt (mindestens) ein nomologisches Gesetz, z. B. „Wenn A und B, dann C")

2. Die in der Wenn- Komponente genannten Randbedingungen sind erfüllt (z. B. „A und B liegen vor")

Explanandum: 3. Singulärer Satz, der den zu erklärenden Sachverhalt beschreibt (z. B. „C liegt

vor."

Gegeben ist das singuläre Ereignis *Explanandum* (3.)

Gesucht ist das *Explanans* (1. und 2.)

Dabei muss 3. deduktiv-logisch aus 1. und 2. Folgen, wobei 2. aus der Wenn-Komponente und 3. aus der Dann-Komponente des nomologischen Gesetzes abgeleitet wird.

- Bei einer „*Prognose*" ist das Explanandum aus Gesetzen und Randbedingungen „vorherzusagen"

- Bei „*Technologischen Aussagen*" ist das Explanandum das in der Zukunft zu erreichende Ziel; gesucht sind geeignete Gesetze, die in der Dann-Komponente das Explanandum enthalten und die in der Wenn-Komponente Sachverhalte benennen, welche gezielt so veränderbar sind, dass dadurch das gewünschte Ziel erreicht wird.

2.4.2 Das Design hypothesen- und theorietestender Forschung

- Die Fragestellung des Typs von Forschung ist: *Kann eine Hypothese oder eine Theorie empirische Geltung beanspruchen?*

- Das *Ziel* der Beantwortung dieser Frage könnte z. B. sein:

o Eine bei der Analyse empirischer Befunde einer früheren Untersuchung ad hoc formulierter Dateninterpretationen auf ihre allgemeinere Geltung zu testen

o Zwischen konkurrierende Hypothesen eine empirische Entscheidung herbeizuführen o   Bewährten Theorien härteren Tests zu unterwerfen, sie ggf. weiterzuentwickeln

-       Die Logik des Hypothesentests ist anhand des H-O-Schemas der Erklärung leicht nachzuvollziehen

o   Gegeben ist die zu prüfende Aussage/ die zu prüfende Hypothese (1);

o   gesucht sind Situationen, in denen die in den Wenn-Komponenten genannten Aspekte der Randbedingungen (2) empirisch vorliegen

o   in dieser Situation wird beobachtet, ob die aus der Dann-Komponente ableitbaren Sachverhalte (3) empirisch auftreten

-       die kann in der sozialen Realität geschehen oder künstlich herbeigeführt werden (Experimentalforschung)

-       Das *Design* einer hypothesentestenden Untersuchung ist so anzulegen, dass ein gezielter und kontrollierter Vergleich der *empirisch feststellbaren* Sachverhalte mit den aus der Hypothese *ableitbaren* Behauptungen über die empirische Realität möglich ist

o   spezifische Verfahrenslogik

o   Spezifischer Argumentationstyp

-       *Argumentationstyp*:

o   Aus der zu testenden Theorie/Hypothese ((1) im H-O-Schema) deduktiv-logischer Aussagenpaare ((2 u. 3.)im H-O-Schema) derart abgeleitet werden, dass sie in der Realität beobachtbare Sachverhalte bezeichnen = theorie-implizierte Basissätze

-       Anschließend werden diese Deduktionen mit Aussagen über reale, durch empirische Beobachtung festgestellte Situationskonstellationen verglichen

o   Stimmen die aus Theorie/Hypothese abgeleiteten Sätze mit Beobachtungsaussagen (empirischen Basissätzen) überein, gilt die Theorie/Hypothese als empirisch bestätigt

o   Andernfalls als empirisch widerlegt

o   Somit sind die Aussagenpaare (2) und (3) potentielle Konfirmatoren (= „Bestätiger") oder potentielle Falsifikatoren (= „Widerleger)

o   Siehe S. 84 Abbildung!!!

-       Hypothesen- bzw. Theorietestende Forschung besteht also darin, zunächst Tatsachenbehauptungen zu deduzieren, von denen man annehmen kann, dass sie nicht eintreten

-       Die Beschreibungen der Ergebnisse dieser empirischen Feststellungen sind die empirischen Basissätze der Forschung

o   Vergleich mit empirischen und theoretischen Basissätzen bildet Grundlage der Entscheidung über Richtigkeit und Falschheit

-       ***Das Basissatzproblem (Basissatzdilemma)*** besagt o   in der Vergleichssituation von „Theorie" und „Realität", dass die empirische gewonnene Beobachtungsaussage „wahr" sein muss, damit aus ihrem Vergleich mit dem theoretisch abgeleiteten *potentiellen* Falsifikator oder Konfirmator eine Schlussfolgerung auf die „Wahrheit" der Hypothese begründet werden kann

-     *Das Korrespondenzproblem* besagt

o   Hypothesen sollen sich über möglichst hohen Informationsgehalt auszeichnen

o   Sollen in *Begriffen* formuliert sein, die zeit- und ortsübergreifend gelten

o   Nicht auf Aussagen über unmittelbar beobachtbare Phänomene beschränken, sondern auch Vermutungen über nicht direkt erfahrbare Eigenschaften und Phänomene wie „Vertrauen" oder „Erreichbarkeit", über Dispositionen wie „Autoritarismus" bzw. über theoretische Konstrukte wie „soziale Schicht" zum Ausdruck bringen

o   Hypothesen sind somit in „theoretischer Sprache" formuliert, die Basissätze dagegen (sowohl die deduktiv aus den Hypothesen abzuleitenden wie die aufgrund von Datenerhebungen zu formulierenden) müssen auf „Beobachtungsbegriffe" zurückgreifen

o   Dem theoretischen Phänomen müssen somit direkt erfahrbare Sachverhalte zugeordnet werden, die als beobachtbare Hinweise (*Indikatoren*) auf das in seiner Allgemeinheit oder Abstraktheit nicht unmittelbar beobachtbare Phänomen dienen können.

o   *Diese Verknüpfungsregeln stellen die Korrespondenz her von theoretischer Ebene und Beobachtungsebene und heißen daher Korrespondenzregeln*

o   Das Problem ist nun, dass nicht immer unbezweifelbare Indikatoren für das theoretisch gemeinte Phänomen benannt und begründet werden können.

o   Siehe Beispiel S. 86

o   Als einziger Rat, die Korrespondenzregeln nicht lediglich auf Plausibilitätsannahmen, sondern auf empirisch bereits gut bestätigte Hypothesen/Theorien zu stützen, und zwar auf solche Hypothesen/Theorien, die *nicht* in der *zu prüfenden* Hypothese/Theorie enthalten sind

2.4.3 Experiment und Quasi-Experimente

-     Das Experiment gilt als das Design der Wahl bei jeder Form von Kausalanalysen, d. h. bei Fragestellungen des Typs: „Wie und in welcher Stärke wirkt sich X (als Ursache) auf Y (als Folge) aus?"

-     Begriff „Experiment" im Wörterbuch der Soziologie:

o   Planmäßige Beobachtung bestimmter Sachverhalte und ihrer Veränderungen unter vom Forscher kontrollierten und variierten Bedingungen... [Es] unterscheidet sich u. a. dadurch von anderen Beobachtungsformen, dass die beobachteten Vorgänge durch den Forscher hervorgerufen, hergestellt werden." (Fuchs-Heinritz)

-     *Das Experiment auf das H-O-Schema bezogen:*

o   Forscher führen kontrollierte Untersuchungssituation durch (extern abgeschirmt); er realisiert bestimmte Randbedingungen: Punkt 2 des H-O-Schemas und setzt seine Untersuchungsobjekt dieser „Maßnahme" (treatment) aus

o   Danach beobachtet er, welchen Effekt die Maßnahme auf seine Versuchsobjekte hat, h. h. welche „Wirkungen" eintreten: Punkt 3 Des H-O-Schemas

o   Bei mehrfacher Wiederholung des Experiments unter jeweils gleichen Bedingungen kann aus den Resultaten das Ursache-Wirkungs-Prinzip abgelesen werden: Punkt 1 des H-O-Schemas

-    Wird in einer Versuchsreihe das „treatment" systematisch variiert, während alle sonstigen Bedingungen konstant bleiben, kann aus Zusammenhang von variierendem „treatment" und in Abhängigkeit davon variierendem Effekt das Ursache-Wirkungs-Prinzip (das empirische „Gesetz") differenziert ausformuliert werden

-    Beim *Design* des Experiments geht es um die Gestaltung und Kontrolle der Untersuchungssituation

-    Im Mittelpunkt des klassischen Experiments

o   Bedingungen schaffen, in denen nur das Ursache-Wirkungs-Prinzip zwischen Maßnahme und Effekt zur Geltung kommen kann

o   Vorsorge treffen, dass Art und Stärke der vermuteten Kausalwirkungen eindeutig festgestellt und möglichst sogar quantitativ gemessen werden können

-    Die 1. Anforderung kann erfüllt werden, dass

o   die als mögliche Ursache angenommene Einflussgröße (Maßnahme oder treatment) vom Forscher kontrolliert und in die Untersuchungssituation eingeführt wird; alle anderen Einflüsse sollen abgeschirmt und unwirksam gemacht werden

-    Die 2. Anforderung ist erfüllt, wenn

o   Parallel zur Experimentalsituation eine „geeignete" Vergleichssituation existiert, in der die (angenommene) Ursache *nicht* wirkt, die jedoch in allen anderen Aspekten mit der Experimentalsituation identisch ist

-    Bei sozialwissenschaftlichen Experimenten mit Menschen als Untersuchungsobjekt zeichnet sich das *Design* eines „echten" Experiments dadurch aus, wenn es **mindestens folgende Merkmale** aufweist

o   Es existiert eine Experimentalgruppe G1, die mit dem „treatment", also der auf ihre Auswirkungen zu untersuchenden Maßnahme ausgesetzt wird

o   Es existiert eine in allen wesentlichen Merkmalen äquivalente Kontrollgruppe G2, die dem experimentellen treatment/Stimulus nicht ausgesetzt wird

o   In beiden Gruppen werden vor dem Zeitpunkt des „treatments" und ausreichende Zeit danach die Ausprägungen der abhängigen Variablen (der Merkmale, bei denen man Auswirkungen durch das treatment erwartet) gemessen

o   Stimmen vor dem treatment in der Experimental- und in der Kontrollgruppe die Verteilungen der abhängigen Variablen überein (was bei äquivalenten Vergleichsgruppen der Fall sein sollte) und sind nach dem treatment Unterschiede zwischen den Gruppen feststellbar, dann werden diese Unterschiede als Effekte interpretiert (als Auswirkungen der experimentellen Stimuli)

- *Labor*-Experiment als Prototyp des sozialwissenschaftlichen Experiments

o Zusammensetzungen der Gruppen kann *gezielt* vorgenommen werden, die möglichen Einflussgrößen sind gezielt kontrollierbar

o Die Voraussetzung, dass man schon hinreichende empirisch bestätigte Kenntnisse hat, um vollständig kontrollierte Experimente durchzuführen, ist normalerweise nicht gegeben

- Daher macht man sich oft das *Zufallsprinzip* zunutze:

o Versuchspersonen werden „zufällig" (z. B. durch Auslosen) auf Experimental- und Kontrollgruppe verteilt.

o Dieses Vorgehen wird „*Randomisierung*" bezeichnet

o Darf aber nicht mit einer Zufallsauswahl der Experimentalteilnehmer verwechselt werden; i. d. R. wird man auf Freiwillige angewiesen sein

- *Prinzip der Randomisierung:*

o Sobald genügend Versuchspersonen gefunden wurden, werden diese hinsichtlich derjenigen Merkmale, die für das Experiment bedeutsam sind (Z. B. Alte, Geschlecht, Bildung...) „*geschichtet*"

o Danach entscheidet ein Zufallsverfahren, welche Personen aus jeder Schicht zur Experimentalgruppe, und welche zur Kontrollgruppe zugewiesen werden

- Man kann auch auf das Messen vor dem eigentlichen „treatment" verzichten, indem man dieses Zweigruppen-Design (G1 und G2) um zwei weitere Gruppen (eine Experimental- und eine Kontrollgruppe G3 und G4) erweitert

o Damit kann kontrolliert werden, ob nicht schon vor dem Messen Veränderungen in Gang gesetzt wurden (Versuchskaninchen-Effekt)

- Übersicht: Experimental-Designs S. 91Design-Strukturen bei Experimenten

- Laborexperimente haben den Nachteil, „realitätsfern" zu sein

o Künstliche Situation, in der nur ein einziges Merkmal in kontrollierter Weise wirksam wird

- Für insbesondere *anwendungsorientierte Fragestellungen* ist Laborforschung kaum akzeptierbar

o Hier wird Feldforschung betrieben

- *Ziel der Feldforschung*: soziale Prozesse und Strukturen erfassen und analysieren in systematischer Weise

o Im Allgemeinen wird hierfür nicht in die soziale Realität eingegriffen, sondern man muss sich an Situationen „anhängen" (Z. B. Realisierung eines Arbeitsbeschaffungsprogramms für Langzeitarbeitslose)

o Forschung wird dort aber nur geduldet

o „Randomisierung" ist unrealistisch, ebenso sind „Vorher-Messungen" häufig nicht durchführbar o   Dafür kann man z. B. Vergleiche mit Situationen anstellen, in denen die untersuchten Maßnahmen nicht durchgeführt werden

o   Anstellen von „Vorher-Messungen" kann man Daten aus früheren Zeiträumen heranziehen

o   Sind externe Einflüsse nicht abzuschirmen, müssen sie mit gemessen werden

▪   Statistische Variablenkontrolle in der Phase der Datenanalyse anstelle der Situationskontrolle im Experiment

-   Untersuchungsanordnungen, die sich an der Experimental*logik* orientieren, jedoch nicht alle Bedingungen des klassischen Experiments erfüllen können, werden als *Quasi-Experimente* bezeichnet

2.4.4 Das Evaluationsdesign der Programmforschung

-   „Evaluation" im Alltagsgebrauch:

o   Bewertung

-   *„Evaluation"* im Kontext der Forschung:

o   Einerseits eine spezifische *Fragestellung*: bestimmter Sachverhalt oder bestimmtes Handeln, z. B. politisches Reformprogramm soll nach vorgegebenen Kriterien gestützt auf empirische Informationen bewertet werden

o   Zum anderen Bezeichnung für ein bestimmtes *Design* (besonderer Untersuchungsansatz): Das Handlungsprogramm (Maßnahmen/Instrumente) und die durch dieses Handeln bewirkten Effekte werden in methodisch kontrollierter Weise miteinander in Beziehung gesetzt und aus der Perspektive der Handlungsziele auf ihren Erfolg hin bewertet; „Programm" nur in Verflechtung mit seiner sozialen Umwelt durchführbar, kann nicht abgeschirmt werden →Siehe Seite 94

-   Auf H-O-Schema bezogen (Hempel-Oppenheim-Schema)

o   „Programmziele" = Punkt 3 im H-O-Schema

o   „Maßnahmen" als die zu vollziehenden Eingriffe in die gegenwärtigen Randbedingungen = Punkt 2 im H-O-Schema

o   *wie* eingegriffen werden soll (Ursache-Wirkungs-Prinzipien) = Punkt 1 im H-O-Schema: „wenn die Randbedingungen in einer bestimmten Weise verändert werden, dann werden dadurch die beabsichtigten Effekte hervorgerufen."

-   *Evaluationsdesign* hat sicherzustellen, dass

o   Sowohl die existierenden Randbedingungen (2)

o   Als auch der Ist-Zustand der Zielvariablen (3) *vor* Programmbeginn (Zeitpunkt t0) empirisch beschrieben werden

o   Während der Programmlaufzeit vorgenommenen Eingriffe in die Randbedingungen (2) erfasst werden, Eingriffe durch Maßnahmen als auch andere relevante Veränderungen in der Programmumwelt → *monitoring*   (*begleitende Buchführung*)

o   Design hat sicherzustellen, dass der Zustand der Zielvariablen (3) *nach* Programmdurchführung (Zeitpunkt t1) wieder empirisch beschrieben wird, so dass Art und Ausmaß der *Veränderungen* feststellbar ist

-     Aufgabe der „*Wirkungszurechnung*" als Problem:

o   Sind Veränderungen auf das Programm oder auf Umwelteinflüsse rückführbar, bewirkt worden?

o   Evaluationsforschung muss sich hierfür an der Logik des Feldexperiments orientieren; möglichst Quasi-experimentelle Untersuchungsanordnung mit Vergleichsgruppen realisieren

-     Maßstab für die Erfolgsbewertung des Programms sind die Programmziele, die beabsichtigten Effekte

-     Die faktisch eingetretenen Wirkungen können in mehr oder weniger hohem Maß den beabsichtigten Effekten entsprechen

-     Der Programmerfolg ist erst aus der *Wirkungszurechnung* ablesbar

-     *Zusammengefasst: Als erfolgreich gilt ein Programm dann, wenn die getroffenen Maßnahmen die Zielvariablen in der gewünschten Richtung und in der gewünschten Stärke beeinflussen*

-     Neben den beabsichtigten werden auch nicht beabsichtigte Effekte zu beobachten sein, die das Gesamturteil positiv oder negativ beeinflussen kann, daher muss das Untersuchungsfeld weit genug gefasst werden (→ entspricht Punkt 1 des H-O-Schemas)

o   Impliziert eine fundierte „dimensionale Analyse" des Eingriffs- und Wirkungsfeldes

-     Auch Verbesserungen des Programms sollen ableitbar sein

-     Es gibt unterschiedliche *Evaluationstypen*, die Unterscheidung bezieht sich auf den Gegenstand der Evaluation:

o   Effekte, die von den Maßnahmen eines Programms hervorgerufen werden: *Wirkungsanalysen*

o   Wenn nicht die Effekte im Vordergrund stehen, sondern die systematische Untersuchung der Planung, Durchsetzung und Vollzug eines Programms und seiner Maßnahmen: *Implementationsforschung*

o   Inwiefern die von einem Handlungsprogramm erstellten und gebotenen Leistungen von der Zielgruppe in Anspruch genommen oder abgelehnt werden: *Akzeptanzforschung*

-     Differenzierungen auch hinsichtlich des Zeitpunkts:

o   *Projektbegleitende Evaluation:*

     Regelmäßige Rückkopplungen von Ergebnissen in das Projekt vorgesehen; Forschung wirkt somit „programmformend" → *formative Evaluation*

o   *Abschließende Evaluation:*

     verzichtet auf formative Effekte; gibt im Nachhinein ein zusammenfassendes Evaluationsgutachten ab. → *summative Evaluation*

- Zum Schluss sind nach die *Kriterien der Evaluation* zu unterscheiden und wer die *Evaluationsinstanz* ist

o Auch Verlagerung auf programm- und evaluationsexterne Instanzen möglich

o Befragung der Adressaten eines Programms (Nutzer oder Betroffene als „eigentliche Experten")

o Dies sind allerdings individuelle Werturteile von Personen → nicht Evaluation, sondern *Akzeptanzerhebung*

2.4.5 Das deskriptive Survey-Modell: Querschnittserhebung nicht-experimenteller Daten

- Design für die Erhebung (engl.: survey) und Analyse empirischer Informationen zur *Beschreibung und Diagnose* eines interessierenden sozialen Sachverhalts *zu einem Zeitpunkt.*

- Ziele deskriptiver Untersuchungen z. B.

o Basis für eine zu treffende Entscheidung empirisch gesicherter aktueller Erkenntnisse über den in Frage stehenden Gegenstand zu erhalten (Fragestellung: Entscheidungsvorbereitung)

o Umfassende Informationen für unvorhersehbare gesellschaftliche Veränderungen (Fragestellung: Diagnose)

o Unbekannten empirischen Sachverhalt durch breit angelegte Deskription zu erkunden (Fragestellung: Exploration)

o Beispielhafte Deskriptionen für eine allgemeine Regelhaftigkeit/Gesetzmäßigkeit zur Verfügung stellen (Fragestellung: Illustration)

o Meinungsbild der Bevölkerung zu aktuellen politischen/gesellschaftlichen Themen (Fragestellung: Meinungsforschung/Demoskopie)

o Vorlieben und Konsumneigungen potentieller Kunden (Fragestellung: Marktforschung) u. v. m.

- Der Geltungsbereich empirischer Deskriptoren kann entweder eingegrenzt sein oder verallgemeinernd

- *Deskriptive Surveystudie* verlang die umfassendsten methodologischen Überlegungen zur Gestaltung des Forschungsdesigns

o Umfassende Konzipierungsaufgaben im Vergleich zum „Theorietest"

o Der Gegenstand der Untersuchung (das zu evaluierende Programm und dessen Eingriffsbereich) ist klar vorgegeben

o soll in ein *Modell des Untersuchungsgegenstands* einmünden, das sowohl dem Gegenstand selbst als auch dem Verwertungszweck der Studie gerecht wird; soll durch empirische wie theoretische Vorkenntnisse hinreichend abgesichert sein

o soll idealerweise Ansätze zu Weiterentwicklung geben, sollen nicht rein deskriptiv, sondern auch theoretisch relevant sein

-        der Prozess der Forschung darf nicht missverstanden werden, als wäre er eine lineare Folge von Entscheidungsschritten

-        wie man auf **S. 101(Abbildung)** sieht, handelt es sich um ein *Strukturmodell*, nicht um ein Ablaufmodell

-        jede Entscheidung zwischen Beginn und Ende des Forschungsprozesses ist auf das *Projektziel* bezogen

o   auch innerhalb des Prozesses läuft nichts gradlinig; über die Objekte der Forschung müssen Entscheidungen getroffen werden, Auswertungspläne für Erhebungsinstrumente und Messskalen…

o   dies muss alles vorab geschehen

o   sobald das Projekt erst einmal „im Feld" ist, kann bei einem auf Standardisierung angelegten Vorhaben kaum noch was repariert werden, was nicht vorher bedacht wurde

-        das *Standardmodell deskriptiver Erhebungen* ist das umfassendste „Design" der empirischen Sozialforschung

3 Die empirische „Übersetzung" des Forschungsproblems

3.1 Problempräzisierung und Strukturierung des Untersuchungsgegenstandes: dimensionale und semantische Analyse

- Sobald das Forschungsproblem abgegrenzt ist, ist die Problemformulierung trotzdem noch recht grob und eine *Präzisierung der Aufgabenstellung* wird noch zu überlegen sein

o *Exploration des Vorstellungsfeldes* über den Untersuchungsgegenstands sind für Art und Qualität der Ergebnisse mitentscheidend

o Ihr Ergebnis in einer *modellhaften Strukturierung des Objektbereichs* bestehen: Untersuchungsgegenstand ist zu zerlegen und zu ordnen, dass daraus ein problemangemessenes Forschungsdesign entwickelt und begründet werden kann

Hierzu ein Überblick:

- Zu Anfang unterscheiden, ob die Aufgabenstellung auf die *Überprüfung einer Hypothese/Theorie* ausgerichtet ist *oder* ob es sich um *Beschreibung eines mehr oder weniger komplexen sozialen Sachverhalts oder Zusammenhangs* handelt (deskriptive Untersuchung)

- Geht es um *deskriptive Untersuchung...*

o Blick zunächst auf die *empirische Struktur des Realitätsausschnitts*, über den Daten erhoben werden sollen; Informationssammlung

o *„dimensionale Analyse des Untersuchungsgegenstandes"(Dimensionsanalyse):* Aspekte herausfiltern, die für die Fragestellung als besonders bedeutsam erscheinen

o Geeignete sprachliche Symbole wählen (objektsprachliche *Begriffe*)

o Diese sollen „theoretisch relevant" sein

- Bei *empirischer Überprüfung einer Theorie...*

o Die zu testenden Hypothesen enthalten bereits explizite Behauptungen über die Struktur des empirischen Untersuchungsgegenstandes

o Art und Richtung der Selektion ist bereits durch die Hypothesen vorgegeben

o Auch sprachliche Formulierungen (*Begriffe)* sind in den Hypothesen bereits enthalten

o Jedoch muss die *Bedeutung* der in den Hypothesen verwendeten Begriffe *geklärt* werden; es ist zu erschließen, was mit den Begriffen im Detail gemeint ist

o Der Empiriker hat es mit sog. „theoretischen" Begriffen zu tun; die bewusst allgemein gehalten sind

o Aus der allgemeinen Theorie sind unter Einhaltung logischer Regeln (durch Deduktion) sollen spezifische Hypothesen für Sachverhalte abgeleitet werden

o Für die spezifischen Sachverhalte soll sich die Theorie „bewähren" (potentielle Falsifikatoren aufdecken)

o   Als der Gesamtheit der potentiellen Falsifikatoren einer Hypothese/Theorie ist eine Auswahl zu treffen

▪   Arbeitsschritt der *Erschließung der Bedeutung von Begriffen*

→*semantische Analyse:* erst dann kann endgültig entschieden werden, über welche empirischen Gegebenheiten Daten zu sammeln sind

-       Den beiden Aussagesituationen gemeinsam (beschreibende Diagnose, Theorietest) ist die Notwendigkeit , die *empirische Wirklichkeit mit Begriffen zu verknüpfen*, d. h. anzugeben, welche Aspekte der Realität *im konkreten Untersuchungsfall* unter den Begriff subsummiert werden sollen

o   Begriffe sind so zu wählen, dass eine Korrespondenz zwischen empirischen Sachverhalten und sprachlichen Zeichen hergestellt wird

o   Präzisierende, einschränkende *Definitionen* können notwendig werden

-       Definitionen haben…

o   Entweder eine *dimensionale Analyse des Gegenstandsbereichs* anzugehen (bei deskriptiven Untersuchungen)

o   Oder eine *semantische Analyse der in Hypothesen* vorkommenden Begriffe voranzugehen

▪   Verknüpfung von Begriffen mit empirischen Sachverhalten als weiterer Schritt der semantischen Klärung→Operationalisierung

-       Daraus resultiert intersubjektive Klarheit und empirischer Bezug

-       Def. „*Dimension*" nach Zetterberg:

o   Dimension (der Realität) als „Eigenschaft der Wirklichkeit"(des zu untersuchenden Gegenstandsbereichs)

-       Def. „*Begriffe*" nach Zetterberg:

o   Bestandteil der Sprache, mit denen der Gegenstandsbereich besprochen, bezeichnet wird.

-       Man kann für die *gleiche Dimension* der Realität *verschiedene Begriffe* prägen (Z. B. Synonyme wie Auto oder Kraftfahrzeug Automobil oder KFZ)

-       Man kann aber auch für *unterschiedliche Gegenstände* der Realität den *gleichen Begriff* benutzen (z. B. Homonyme wie „Hahn", der als Hahn (Tier) gemeint sein kann oder der Wasserhahn)

-       *Zusammengefasst*:

-       *Bei deskriptiver Aufgabenstellung*:

o   Erste Aufgabe die Dimension der Wirklichkeit festzulegen und abzugrenzen (nach der Fragestellung)

o   Danach geeignete deskriptive Kategorien definieren → *"dimensionale Analyse"* (nach Zetterberg) o   Resultat der Verknüpfung mit geeigneten Begriffen ist das „*deskriptive Schema*" des Untersuchungsgegenstandes

-    *Ziel der dimensionalen Analyse:*

o   Die Aufstellung eines Modells der für die empirische Studie relevanten Dimensionen des Untersuchungsgegenstands und die Zuordnung geeigneter Begriffe

→ *Orientierungsrahmen bei deskriptiver Forschung*

o   Untersuchungssystem soll „theoretisch relevant" sein

-    *Zusammenbringen von Objektbereich und Sprache* nur bei deskriptiver Forschung und hypothesentestenden Untersuchungen

-    *Hypothesentestende Forschung* hat von Begriffen auszugehen, die im jeweils theoretischen Zusammenhang festgelegt worden sind und deren Bedeutung im Kontext noch zu klären ist. (Notwendigkeit einer präzisen *semantischen Analyse*)

o   Feststellen, welche Bedeutungs*dimension* der theoretische Begriff anspricht

o   Zu explizieren, auf welche *Dimensionen des Objektbereichs* sich die *Bedeutungsdimensionen des Begriffs* konkret beziehen (sollen).

o   Siehe Beispiel: „Dimensionen" des Begriffs „Lebensqualität" S. 112f

-    Unter „*Dimensionen*" sind diejenigen Merkmale zu verstehen, nach denen empirische Sachverhalte unterschieden werden können

o   Man kann sich auf höheren und niedrigen Abstraktionsstufen bewegen

o   Keine Merkmalsausprägungen wie „67 Jahre alt" oder „verheiratet", mit denen man eine einzelne Person charakterisiert, sondern das ganze Spektrum *möglicher* Ausprägungen eines Merkmals

o   Für die zu unterscheidenden Dimensionen werden Begriffe eingesetzt, die zu definieren und für die gegebenenfalls Indikatoren festzulegen sind

-    Bei Blick auf den *empirischen Gegenstand,* dessen Details wir erforschen und ordnen wollen

o   *Dimensionale Analyse des Gegenstandsbereichs*

o   Resultat sind objektsprachliche Aussagen

-    Frage, welche *Bedeutung* sprachliche Zeichen zugeschrieben werden sollen

o   *Semantische Analyse von Begriffen* (Analyse der Bedeutungsdimensionen von Begriffen)

o   Resultat ist die Metasprache (was Personen *meinen*, wenn sie z. B. über „Lebensqualität" reden)

o   *Siehe Beispiel S. 113*

3.2 Beispiel einer dimensionalen Analyse: Berufserfolg und soziale Herkunft

- *Aufgabenstellung: Deskriptive Untersuchung*

o   Bildungs- und Berufssituation von Kindern aus Elternhäusern unterschiedlicher Sozialschichten erheben und auswerten

- A) Entdeckungszusammenhang:

o   Soziale Herkunft beeinflusst sowohl direkt als auch indirekt den beruflichen Erfolg der Kinder (Studie von Blau und Duncan)

o   Informationen müssen relativ präzise und begründet sein

- B) Präzisierung der Problemformulierung

o   Was ist „soziale Herkunft"? Welchen Einfluss könnte soziale Herkunft auf Schul- und Berufserfolg ausüben? Was ist Bildung und was beruflicher Erfolg?

➔   „brain storming" durchführen (z. B. soziale Herkunft auf sozialen Status des Elternhauses reduzieren und Entscheidung intersubjektiv begründen)

➔   Für den Anspruch der Wertneutralität dürfen außer den Merkmalen des sozialen Status des Elternhauses alle übrigen aufgelisteten Aspekte (Dimensionen) keinen nennenswerten Einfluss haben; dafür müssen bereits sämtliche relevante Informationen verfügbar sein

o   Welche Aspekte sind relevant? Welche weniger? ➔Selektionskriterien

o   Für welche Zwecke sollen die Ergebnisse der Forschung verwendet werden? ➔Verwendungszusammenhang; dadurch kann man eingrenzen

o   Nach Reduzierung auf den *sozialen Status des Elternhauses* sind nun Teildimensionen zu bestimmen

▪   Z. B. Beruf; Vermögen; Einkommen; Bildung

▪   Auch hier muss wieder selektiert werden, da zu umfangreich (sollen Merkmale für alle Familienmitglieder erhoben werden, für die Eltern oder nur für den Vater?...)

▪   Entscheidung ist wieder zu begründen; Selektionskriterien offenlegen

- Wie könnte eine *Selektion* der Merkmale und der Merkmalsträger aus der Vielzahl der Möglichkeit den begründet werden?

o   Man wird wieder auf Theorien zurückgreifen, auch wenn dies nicht immer deutlich gemacht wird und dem Forscher selbst nicht immer klar ist

o   Gesellschaftliche Rahmenbedingungen werden erläutert (Befragungen auf den Vater beschränken, da er in den 60er Jahren in den USA das Familienoberhaupt war)

- Bei der Auswahl der Statusmerkmale waren für die Charakterisierung des Herkunftskontextes wichtig:

o   Berufsprestige des Vaters (Position)

o   Die erreichte formale Bildung des Vaters

o   Unberücksichtigt bei Blau und Duncan somit: Höhe und Art des Einkommens (Begründung: enger Zusammenhang mit Berufsprestige); andere als formale Bildung; soziale und räumliche Umwelt (Begründung: Segregation verläuft: sozialer Status -> Umwelt)

-      Damit wird nun die zu Beginn formulierte forschungsleitende Hypothese durch folgende Einzelhypothesen (für Ausschnitt der Anfangsfrage) *spezifiziert:*

o   Bildung des Sohnes -> beruflicher Erfolg des Sohnes

o   Berufliche Position des Vaters (Bildung des Vaters) -> Bildung des Sohnes

o   Berufliche Position des Vaters -> beruflicher Erfolg des Sohnes

-      Konsequenz:

o   Bemühungen, die gesellschaftliche Position der Frau/Mutter zu verändern, war nicht Gegenstand der Untersuchung; war zu jener Zeit auch nicht von gesellschaftlichen Interesse

-      Wenn andere als diese 3 Einflussgrößen auf Berufserfolg nicht erhoben werden, kann man sie auch nicht empirisch überprüfen

o   Daher könnte die Annahme auch durchaus falsch sein, wenn nicht berücksichtigte Einflussgrößen nicht nur auf die abhängige Variable (hier: Berufserfolg), sondern auch auf unabhängige Variablen Einfluss nehmen

o   Z. B. könnte das nicht berücksichtigte Einkommen des Vaters sehr wohl den Lernerfolg beeinflussen (Lernmaterial, Nachhilfestunden) und zu einer anderen Interpretation der empirischen Resultate führen → *Siehe Abb. S.121*

o   Dafür müssen aber im Voraus diese Daten erhoben und ausgewertet werden → *Entdeckungs- und Verwertungszusammenhang*

-      Dieses Modell von Blau und Duncan wurde für die BRD durch W. Müller erweitert durch die Variable „Berufsprestige des Sohnes" zu zwei verschiedenen Zeitpunkten

-      Zu diesem Modell erhoben Blau und Duncan anhand ihrer Daten statistische Befunde:

o   der Einfluss des Elternhauses auf den erzielten Schulabschluss (Chancenungleichheit im Bildungssystem) ist gar nicht so groß ist, wie oft behauptet wird

o   Fazit: Die These „Aufstieg durch Leistung" in einer offenen Gesellschaft wird durch empirische Befunde, gewonnen auf der Basis des o. g. Untersuchungsmodells für die USA, nicht eindeutig widerlegt

o   Lediglich der Einfluss der eigenen Schulbildung auf die erste Berufsposition erweist sich als stärker; In D scheint die Situation Ende der 60er Jahre ähnlich zu sein wie in den USA

-      Müller führt die dimensionale Analyse einen Schritt weiter und unterteilt das Merkmal „Bildung des Sohnes" in a) Bildung vor Eintritt in das Berufsleben und b) Weiterbildung o   Für Personen mit „normaler Kariere" (Elternhaus – Schule – Beruf) zeigt sich starke Abhängigkeit des Berufserfolg von sozialer Herkunft und Schulbildung; hierfür kann „Statusvererbung" bestätigt werden

o   Herkunft ->Bildung -> erster Beruf -> späterer Beruf

o   Das traditionelle Schulsystem erfüllt somit nicht die Aufgabe, Lebenschancen nach Leistung zu verteilen oder gar Chancenungleichheit zu reduzieren

o   Bildungsbemühungen während der beruflichen Karriere zahlen sich aus

-   Zusammenfassend:

o   Ausgangspunkt der *dimensionalen Analyse*: eine auf die Beschreibung eines empirischen Sachverhalts bezogene, relativ grob abgegrenzte Fragestellung

o   Die methodische Aufgabe: Präzisierung der Fragestellung (ggf. in ihrer Einschränkung) sowie in der gedanklichen und begrifflichen Strukturierung des Unterrichtsgegenstands

-   Idealtypische *Abfolge von Arbeitsschritten*: (S. 124f)

o   Ideen- und Materialsammlung

o   Systematisierung (Ordnung), z. B.

▪   Theoretische Ordnung

▪   Ordnung in Form eines Ablaufschemas

▪   Formale Ordnung

o   Auswahl der Untersuchungsrelevanten Aspekte ->Selektion

o   Entwicklung eines untersuchungsleitenden Modells sowie des deskriptiven Begriffsschemas

▪   Dimensionen zueinander in Beziehung setzen; mit Grafik visualisieren; geeignete Begriffe

-   Siehe auch *S. 126 „Schema des Feldes der Massenkommunikation" (Maletzke)*

3.3 Beispiel einer semantischen Analyse: der theoretische Begriff „Entfremdung"

-   Sprachliche Zeichen (Begriffe) sind oft mehrdeutig

o   kann mehr*dimensional* sein (unterschiedliche Aspekte eines komplexen Sachverhalts zusammenfassen)

o   durch „Mehrdeutigkeit" kann man aber auch mehrere unterscheidbare Sachverhalte auf einen Nenner bringen; nur Merkmal hervorheben, die allen gemeinten Sachverhalten gemeinsam sind

▪   Oberbegriffe (Z. B. Kraftfahrzeug für Auto, LKW, Motorrad…)

-   *Ziel der semantischen Analyse*: die tatsächlich gemeinten Bedeutungsdimensionen aus dem sprachlichen Kontext zu erschließen o   *einheitlicher Sprachgebrauch* wird unterstellt (mit einem Oberbegriff sind die gleichen Gegenstände gemeint)

-    Mehrdeutigkeit kann auch über Mehrdimensionalität hinausgehen:

o   Gleiche sprachliche Zeichen werden von verschiedenen Personengruppen mit jeweils *unterschiedlichen, teilweise gegensätzlichen Bedeutungen* belegt

▪   Z. B. politischen Begriffen wie „Kapital"

o   Bei einer solchen Art von Mehrdeutigkeit sind die unterschiedlichen Gruppen/theoretischen Ansätze herauszuarbeiten und einander gegenüber zu stellen

o   Außerdem sind die verschiedenen Bedeutungen der Begriffe abzugrenzen *(„semantische Regeln"* sind zu rekonstruieren)

o   Begriffe im Anschluss an eine dimensionale Analyse haben immer empirischen Bezug; bei theoretischen Begriffen muss dies nicht so sein

-    Eine *semantische Analyse theoretischer Begriffe* zum Zwecke der empirischen Überprüfung von Theorien/Hypothesen umfasst zwei Ebenen:

o   Bedeutungsdimensionen müssen herausgearbeitet werden, die dem Begriff im verwendeten theoretischen Zusammenhang zukommen

o   Die empirischen Sachverhalte müssen bestimmt werden, die diesen Bedeutungsdimensionen entsprechen

-    Ergebnis kann sein, dass ein Begriff im theoretischen Zusammenhang zwar von seiner (intensionalen) Bedeutung her eindeutig verwendet wird, aber extensional überhaupt keine oder nur sehr wenige auch empirisch mögliche Sachverhalte entsprechen (kein oder sehr geringer empirischer Bezug).

-    „Dimensionsanalyse des Untersuchungsgegenstands"

o   Ideen- und Materialsammlung, Systematisierung; Entscheidung, welche Aspekte des zu untersuchenden Realitätsausschnitts sind für die Analyse bedeutsam, dass darüber Daten erhoben werden müssen und welche Aspekte können vernachlässigt werden; Entscheidung ist zu begründen

o   Sie endet damit, indem den interessierenden empirischen Sachverhalten objektsprachliche Begriffe zugeordnet werden, diese sollten theoretische Relevanz besitzen

-    „Semantische Analyse" ist damit vergleichbar:

o   Ideen- und Materialsammlung, Systematisierung; Anschließend Entscheidung, welche Bedeutungsdimensionen für die durchzuführende Untersuchung zentral sind und welche nicht; auch hier muss jede Entscheidung begründet werden, Begriffe präzise zu definieren

o   Sie endet damit, die untersuchungsrelevanten Begriffe mit beobachtbaren Sachverhalten der Realität zu verknüpfen (Festlegung des empirischen Gehalts, empirische Interpretation der Begriffe)

-    Begriffe müssen definiert werden; verschiedene Definitionen sind in der Literatur zu finden, diese sind zusammenzufassen (wie im Bsp. mit dem Begriff „Entfremdung") o Man sieht, dass der selbe Begriff in verschiedenen sprachlichen Kontexten (von unterschiedlichen Autoren) in unterschiedlicher Weise benutzt wird

▪ Bei „Entfremdung" handelt es sich wohl um einen mehrdeutigen Begriff

- Nach Melvin *Seeman (eine alternative semantische Analyse)* wird der Begriff „Entfremdung" *nicht* auf die *Sachverhalte*, die z. B. Marx als Entfremdung beschrieben hat, bezogen, *sondern* er bezieht den Begriff auf *individuelle Erfahrungen* durch die betroffenen Menschen („subjektive Entfremdung")

o Autor muss den Begriff also auf erfahrbare Sachverhalte beziehen →*Korrespondenzregeln* finden, nach denen aus beobachtbaren Sachverhalten auf die nicht direkt ehrfahrbare dispositionale Eigenschaft geschlossen werden kann

o Seeman geht von der Existenz und der sozialen Wirksamkeit einer Verhaltensform aus, die als entfremdetes Verhalten zu bezeichnen ist. Verhalten ist aber erfahrbar, beobachtbar

o Durch Wendung vom objektiven ins subjektive wir der Begriff „Entfremdung" mehrdimensional: man kann sich unterschiedliche *Typen entfremdeten Verhaltens* vorstellen

o Seemans beschreibt somit unterschiedliche Dimensionen des Begriffs „Entfremdung"

- Die formulierten *Korrespondenzregeln sind somit selbst wieder Hypothesen, die falsch sein können*, z. B. das „subjektive Entfremdung" mit bestimmten Verhaltensstilen einer Person korrespondiert. Es kann aber auch sein, dass ein Individuum in der Lage ist, einen bestimmten Verhaltensstil zu unterdrücken

- Der *theoretische Begriff* kann nicht direkt auf erfahrbares bezogen werden. Dadurch kann er auf geänderte Bedingungen in geänderten historischen Kontexten angewendet werden, z. B. Begriff „Armut"

- Beispiel Begriff „Führungskräfte": Mit dem selben sprachlichen Zeichen „Führungskräfte" sind zwei grundlegend unterschiedliche Gruppen von Sachverhalten bezeichnet worden:

1. *Positionen* (Schnittpunkte in der Struktur sozialer Organisationen)

2. *Personen*, die diese Positionen ausfüllen

→ Objektbereich oder Referenzobjekte

- Nach Durchsicht des Literatur- und Forschungstandes könnte man beispielsweise *4 Bedeutungsdimensionen* berücksichtigen:

o Verhaltensdimension: Wodurch unterscheidet sich Führungsverhalten von anderen Tätigkeiten?

o Kompetenzdimension: Welche Rechte und Pflichten bestehen im Unterschied zu anderen Positionen?

o Zuordnungsdimension: Wie ist die Zuordnung zur Organisationshierarchie?

o   Qualifikationsdimension: Welche Qualifikationen unterscheiden Führungskräfte von Inhabern anderer Positionen?

3.4 Zusammenfassung: Semantische Analyse und dimensionale Analyse im Vergleich

-    Gemeinsamkeit der beiden Analysearten:

o   Ein zunächst noch unterbestimmter Sachverhalt muss gedanklich strukturiert *und* begrifflich präzisiert werden

-    Bei Blick auf einen empirisch existierenden oder gedanklich vorgestellten *Gegenstands*bereich sind *Eigenschaftsdimensionen* dieses Gegenstandsbereichs von Interesse; bei Personen etwa Alter, Geschlecht, Bildung, Familienstand...

-    Bei *sprachlichen Zeichen (Begriff)* ist die Bedeutung des Begriffs von Interesse und nach welchen semantischen Regeln bei der *Anwendung diese Begriffs* auf die „Realität" entschieden werden kann

-    Gegenstand = etwas real existierendes (z. B. Auto) mit individuellen Ausprägungen auf bestimmte Eigenschaftsdimensionen (z. B. Farbe des Autos ist rot)

-    Begriffe = gedankliche Vorstellungen von einer Klasse von gleichartigen Sachverhalten oder Gegenständen (z. B. meint man hier kein bestimmtes Auto, sondern das Fortbewegungsmittel auf dem Lande)

40

aspekten, über die in diesem Projekt Daten erhoben werden sollen (vgl. Kap. 4: Operationalisierung).

Übersicht:

Arbeitsschritte der dimensionalen und der semantischen Analyse

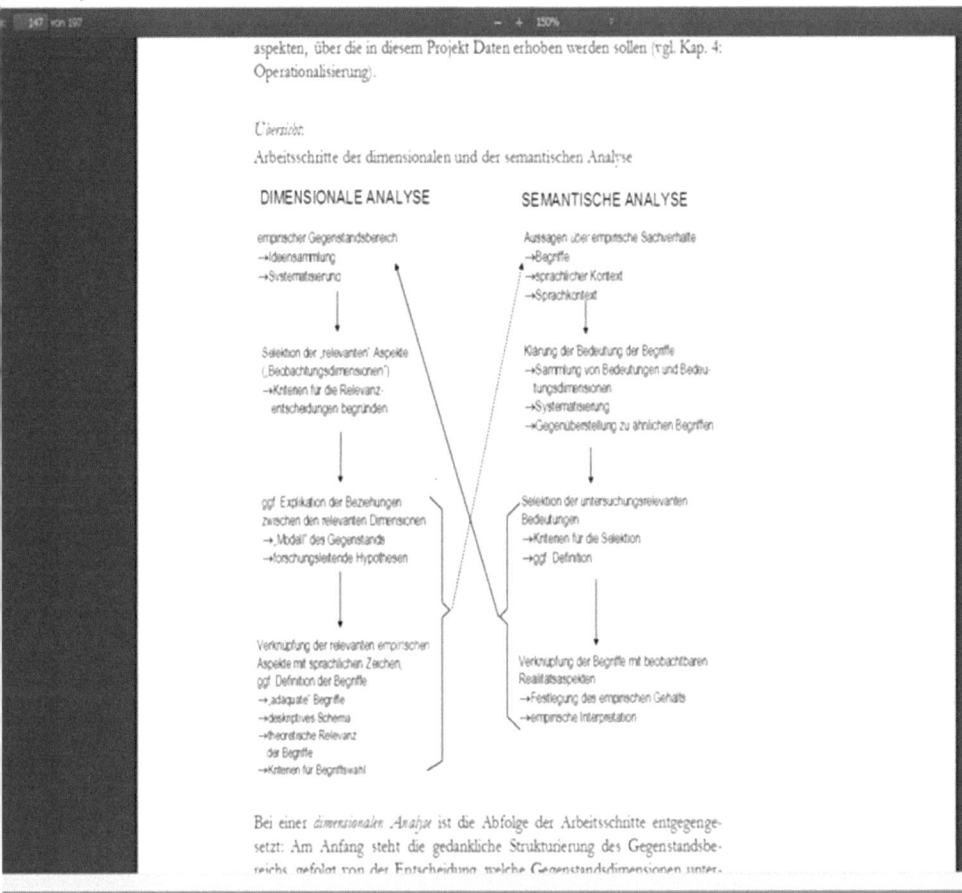

Bei einer *dimensionalen Analyse* ist die Abfolge der Arbeitsschritte entgegengesetzt: Am Anfang steht die gedankliche Strukturierung des Gegenstandsbereichs, gefolgt von der Entscheidung, welche Gegenstandsdimensionen unter-

- Bei der *dimensionalen Analyse* ist die Abfolge der Arbeitsschritte entgegengesetzt

o Am Anfang gedankliche Strukturierung des Gegenstandsbereichs

o Dann Entscheidung, welche Gegenstandsdimensionen untersuchungsrelevant sein sollen

o Untersuchungsrelevante Gegenstände mit geeigneten Begriffen bezeichnen, bei keinen geeigneten Begriffen müssen Definitionen neu eingeführt werden

41

o   Denn nur mit der semantischen Analyse ist entscheidbar, ob Begriffe existieren und hinreichend eindeutig verwendet werden

3.5 Begriffe und Definitoren

-       Empirische Sozialforscher haben Vermutungen über die real existierende Welt unter Einhaltung spezifischer Regeln zu formulieren (empirischer Bezug der verwendeten Begriffe), vgl. Kap. 1

-       Bei empirischer Prüfung können die Hypothesen nicht unmittelbar mit der Realität konfrontiert werden, sondern nur Aussagen über beobachtbare Ereignisse oder Sachverhalte in der Realität (Beobachtungsaussagen bzw. Protokollsätze; Basissatzproblem)

-       Innerhalb der *Hypothesen* werden oft verallgemeinerbare Begriffe verwendet (theoretische Sprache)

-       In den *Protokollsätzen/Beobachtungsaussagen* hingegen werden Begriffe verwendet, die den unmittelbar beobachtbaren Sachverhalten oder Ereignissen in der Realität entsprechen (Beobachtungssprache)

-       Beobachtungssprache und theoretische Sprache müssen miteinander in Beziehung gesetzt werden

-       *Semiotik*: Die Wissenschaft von der Sprache; ihr Arbeitsfeld ist unterteilt in:

o   *Syntaktik*: Beziehung der Zeichen untereinander (Grammatik, Zeichensetzung)

o   *Semantik*: Beziehungen zwischen den sprachlichen Zeichen und ihren Bedeutungen („Referenzobjekten")

o   *Pragmatik*: Beziehungen zwischen Zeichen und Menschen, z. B. unterschiedlicher Sprachgebrauch bei verschiedenen Personen oder Gruppen

-       Wissenschaftliche Erkenntnisse werden unter Verwendung von Symbolsystemen weitergegeben und diskursiv auf Haltbarkeit geprüft, kritisiert…

-       *Zwei Funktionen muss die verwendete Sprache erfüllen*: Repräsentanz- und Kommunikationsfunktion

o   *Repräsentanzfunktion*:

        Begriffe sollen in eindeutiger Weise die gemeinten Sachverhalte (Referenzobjekte) repräsentieren; Sprache muss daher differenziert genug sein um den Untersuchungsgegenstand exakt abzubilden ->Fachterminologie

        Durch präzise Definitionen sind eindeutige Bedeutungen zuzuweisen

o   *Kommunikationsfunktion*:

        Teilweise Widerspruch zur Repräsentanzfunktion; die von der Wissenschaft gewählte Sprache muss von möglichst vielen Personen „richtig" verstanden werden. Bei

Kommunikationspartnern der gleichen Wissenschaftsrichtung erfüllen die Fachtermini nicht nur die Repräsentanz, sondern auch die Kommunikationsfunktion; für Laien oder andere Wissenschaftler kann sie schwer verständlich sein. Wissenschaftler müssen somit darauf achten, welche Zielgruppe sie ansprechen

- *Definition: Begriffe*

o   B. sind sprachliche Zeichen (Wörter), die nach bestimmten Regeln (semantische Regeln, Bedeutungszuweisungen) mit Phänomenen der Realität oder gedanklichen Vorstellungen verbunden sind:

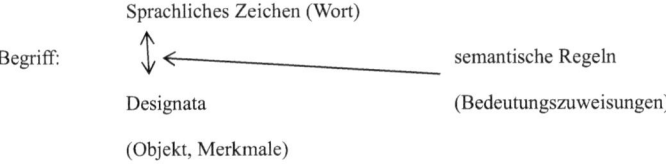

Begriff:

Sprachliches Zeichen (Wort)

Designata

(Objekt, Merkmale)

semantische Regeln

(Bedeutungszuweisungen)

- *Definitionen* sind:

o   Beschreibung/Auflistung semantischer Regeln für die Verwendung des Begriffs

o   Zuordnung eines sprachlichen Symbols (Wort), mit dem der Begriff bezeichnet werden soll

o   Definitionen sind also *nicht* Verknüpfungen zwischen Zeichen und „Sachverhalten" nach Korrespondenzregeln; sie legen den wissenschaftlichen Sprachgebrauch fest → Terminologie einer wissenschaftlichen Disziplin

- Die Verbindung kann man extensional und intensional vornehmen

- *Extensional*:

o   Extension = Begriffsumfang; Menge aller Objekte, die mit dem Begriffe bezeichnet werden sollen (z. B. Menge aller Häuser, die es mal geben wird)

- *Intensional*:

o   Intension = Begriffsinhalt; Merkmale, die ein Objekt besitzen muss, damit man es z. B. als Haus akzeptiert

- Begriffe, deren Extension empirische Objekte umfasst, haben *empirischen Bezug*. Dieser kann sein:

o   *Direkt*: die mit dem Begriff bezeichneten Objekte/Merkmale sind unmittelbar oder unter Zuhilfenahme von Instrumenten beobachtbar (Z. B. sind Eiweiß-Moleküle durch ein Mikroskop beobachtbar)

o   *Indirekt*: die Objekte/Merkmale sind nicht unmittelbar feststellbar, auch nicht mit Instrumenten; auf ihr Vorhandensein muss aus der Beobachtung anderer, direkt feststellbarer Objekte („Indikatoren") geschlossen werden, z. B. „Geiz" als dispositionales Merkmal (Charaktereigenschaft), damit ist nicht das beobachtbare Verhalten gemeint, sondern eine Charaktereigenschaft, die sich in einem spezifischen Verhalten äußert

3.5.1 Nominaldefinition 1: Voraussetzungen

- *Nominaldefinition*:

o Festlegung der Bedeutung eines Begriffs (Definiendum) durch einen bereits bekannten Begriff oder mehrere bereits bekannte Begriffe (Definiens). Definitionen sind konventionelle (d. h. per Vereinbarung getroffene) Festlegungen der Bedeutung sprachlicher Zeichen

o Nominaldefinition als eine *tautologische Umformung;* das Definiendum ist bedeutungsgleich/identisch mit dem Definiens

o Solch definitorische Beziehung zwischen zwei Ausdrücken haben *keinen empirischen Bedingungszusammenhang* zwischen verschiedenen Gegenständen, *sondern* stellen eine *logische Relation* zwischen Ausdrücken und Zeichen unserer Sprache dar.

o Schreibweise: Definiendum: = df.: Definiens

$$A \quad = df.: B, C, D$$

- Grundvoraussetzung: gemeinsame Sprache, gemeinsamer kultureller Hintergrund; in jeder Definition gehen undefinierte Begriffe ein, die als in ihrer Bedeutung bekannt vorausgesetzt werden; im Idealfall ist eine möglichst kleine Gruppe außerlogischer Termini zu finden (ursprüngliche, einfache Begriffe)

- Nominaldefinitionen haben somit keinen empirischen Informationsgehalt, aber sie sollen die Mitteilung und Diskussion in der Wissenschaft erleichtern

o Intersubjektive Kontrolle des empirischen Forschungsprozesses ermöglichen

3.5.2 Begriffe und Begriffsarten: Funktionen, theoretischer und empirischer Bezug von Begriffen

- Durch Begriffe wird der Gegenstand der Forschung erst strukturiert

o filtern Aspekte heraus, die für den Gegenstandsbereich relevant sind oder nicht (Selektivität von Begriffen)

→ein Begriff umfasst niemals alle Merkmale eines Gegenstands/Sachverhalts

o diese Selektivität setzt ein Vorverständnis des Begriffs voraus (Alltagstheorie; bestimmte Merkmale als Voraussetzung; Bsp. „Tisch")

o je präziser und verlässlicher die Theorie, nach dem wir den Gegenstandsbereich strukturieren, desto präziser werden die Beschreibungen, und umgekehrt

o auch die für deskriptive Zwecke verwendeten Begriffe sollen so definiert werden, dass sie *theoretisch verwertbar* sind; nur dann sind die Ergebnisse der Beobachtungen auf die „Vorab-Theorie" beziehbar

o durch den Begriff können Klassen gebildet werden, Merkmale sind *lediglich identisch im Hinblick auf eine begrenzte Zahl von Merkmalen* → *Klassifikationsfunktion von Begriffen* o   durch Begriffe kann zusätzlich entschieden werden, welche unserer verschiedenen Beobachtungen zusammengehören; welche als „ganzheitlicher Komplex" behandelt werden sollen

o   *Begriff „Wettbewerb"*: Aktivitäten von mindestens zwei Personen werden nicht als getrennte Ereignisse gesehen, sondern als Einheit aufgefasst und unter einem einzigen Begriff subsummiert

o   *Begriff „Interaktion"*: Wenn man weniger einschränkende Bedingungen formuliert, welche Aktivitäten zu einem zusammenhängenden Komplex zusammengefasst werden sollen

-    In beiden Fällen werden Ereignisse, die prinzipiell auch isoliert betrachtet werden können, zu einer Einheit zusammengefasst und mit einem speziellen Begriff bezeichnet

➔   *Synthesefunktion von Begriffen*

o   Begriffe sind somit Kategorien (Abstraktionsklassen) von Sachverhalten, Ereignissen, Ideen …, die unter einem bestimmten Gesichtspunkt als identisch betrachtet und behandelt werden; sie „konstituieren" die Wirklichkeit aus Sicht des Sprechers

-    Nach *Kaplan* bietet sich folgende Einteilung an:

o   *Beobachtungstermini*: durch Beobachtungen (Einkauf; Familie…); Begriffe mit direktem empirischen Bezug werden auch empirische oder deskriptive Begriffe genannt

o   *Indirekte Beobachtungstermini*: nur durch Kombination von Beobachtung und Schlussfolgerung; nicht direkt beobachtbar; indirekter empirischer Bezug; Indikatoren werden benötigt (z. B. „Sozialstatus": Indikator = Berufsprestige)

o   *Konstrukte*: weder aufgrund direkter noch aufgrund indirekter Beobachtungen angewendet, aber aufgrund von Beobachtungen definiert; konstruieren bestimmte Sicht auf die Realität („soziale Mobilität" = Ereignis des Vergleichs des sozialen Status der gleichen Person zu verschiedenen Zeitpunkten)

o   *Theoretische Begriffe*: haben „theoretischen Gehalt"; beziehen sich auf Zusammenhänge einzelner Variablen (Bsp. „Urbanismus": es wird das gleichzeitige Vorhandensein einer Reihe von Eigenschaften und Erscheinungen unterstellt, Z. B. städtischer Lebensstil mit Merkmalen wie Anonymität, geringe soziale Kontrolle…

-    Außer bei Beobachtungstermini sind *Indikatoren* erforderlich

3.5.3 Nominaldefinition 2: Eigenschaften

-    Der Zusammenhang von Begriff und Gegenstand ist rein konventioneller (vereinbarungsgemäßer) Art

-    Zusammenhang von Definiens und Definiendum ist veränderbar

-    Jedes Wort kann verschiedene Bedeutungen tragen (Homogramme, Homonyme)

-    Jede Bedeutung kann durch verschiedene Wörter repräsentiert werden (Synonyme)

-    Zwei Bedingungen: Präzision und empirischer Bezug

- *Nominaldefinitionen* als:

o Aussagen über die Gleichheit der extensionalen und intensionalen Bedeutung zweier oder mehrerer Begriffe

- *Intension* = Menge aller Eigenschaften, die herangezogen worden sind, um z. B. „politische Partei" von anderen abzugrenzen

- *Extension* = für den nominalistisch definierten Begriff „politische Partei" wäre eine Liste erforderlich, auf der die Menge der Objekte bezeichnet ist, die als „politische Partei" gelten sollen

- *Präzision:* Das Definiendum bedeutet das, was im Definiens steht

- *Nachteil der Beliebigkeit der Begriffsbildung:* mangelnde Möglichkeit des Vergleichs von Forschungsergebnissen, die aufgrund unterschiedlicher Definitionen gewonnen wurden

- Nominaldefinitionen können *niemals falsch* sein, da sie nur festlegen, welche Eigenschaften ein empirischer Gegenstand/Sachverhalt aufweisen muss

- Aus gleichem Grund kann eine Nominaldefinition *niemals richtig* sein; es ist nur nach ihrer *Zweckmäßigkeit* zu fragen

- Sie sind Klassifikationsvorschriften; Anweisungen an die Beobachter: Tatbestände müssen bestimmte Bedingungen erfüllen, um mit einem bestimmten Begriff bezeichnet zu werden

- Merkmale – Abgrenzungen – Definition

3.5.4 Realdefinitionen

- Auffassung des *Begriffsrealismus*:

o Betrachtet Begriffe als unmittelbare Wiederspiegelung der Erscheinung

o Begriff strukturiert nicht den Gegenstandsbereich, sondern er zeichnet die Struktur des Gegenstandsbereiches nach

o Was wesentlich ist an einem Sachverhalt, ist vom bezeichneten Sachverhalt abhängig und nicht von der Willkür des Definierers

o Es sind also *Behauptungen* über die Beschaffenheit oder über das „Wesen" des Phänomens und haben gleichen Status wie empirische Hypothesen: sie müssen sich an der Realität des bezeichneten Phänomens bewähren; sie können richtig oder falsch sein

o Z. B. bei dem Begriff „politische Partei": Die Klassifikationen P oder Nicht-P existieren bereits; nur Eigenschaften aufzulisten, die zwischen P und Nicht-P unterscheiden

o Es wird somit etwas über die Realität ausgesagt

o Definitionen können *falsch* sein; können auch *niemals vollständig* sein; es wird nur aufgenommen, was wirklich wesentlich *ist*

o   Ist somit Angabe des "Wesens" der Sache, die mit dem zu definierendem Begriff bezeichnet wird, wobei durch die Unklarheit des Begriffs „Wesen" die Realdefinition recht vage bestimmt wird

-      Wichtig:

o   *Intersubjektive Nachprüfbarkeit* setzt präzise Definitionen voraus

o   Sie sollten Form von *Nominaldefinitionen* haben

o   Gedankliche Ordnung des Gegenstandsbereichs durch *dimensionale Analyse*

o   Bei theorietestenden Untersuchungen ähnelt die *semantische Analyse* der Bedeutungsdimensionen theoretischer Begriffe in ihrem Vorgehen dem Verfahren der Realdefinition

4 Strategien der Operationalisierung und Indikatorenauswahl

- Erfahrungswissenschaftliche Theorien müssen *empirischen Bezug* haben, müssen empirisch überprüfbar sein und an der Erfahrung scheitern können

- Die Begriffe der Theorie müssen *präzise* formuliert sein

- Wenn Begriffe nur indirekten Bezug haben, müssen *Indikatoren* angebbar sein; bei mehrdimensionalen Begriffen sollte jede relevante Bedeutungsdimension durch mindestens einen Indikator repräsentiert werde

4.1 Indikatoren

- Begriffe wie „Schulerfolg" oder „Bildung" haben alle empirischen Bezug

- Sie sind aber nicht direkt erfahrbar, sondern nur indirekt durch Beobachtung von Sachverhalten, Z. B. Statuseinschätzung

o Wir benötigen also *Indikatoren* (Im Beispielfall hier ist man auf die Antworten der Söhne angewiesen)

o Für den Begriff *Berufsprestige* braucht man eine Rangordnung von Berufspositionen, die statistisch errechnet wird, um dies messbar zu machen (nach *Blau und Duncan*)

- Unterscheidung von Indikatoren:

o *Definitorische Indikatoren:*

> Solche, durch die die zu untersuchende Merkmalsdimension selbst erst definiert wird, z. B. „Bildung" als „formale Bildung"; es gibt aber auch Begriffe, die durch Antworten auf ein Befragungsinstrument definiert sind: z. B. „soziometrischer Status" = df. die Tendenz des Befragten, unabhängig vom erfragten Sachverhalt bestimmte Antwortalternativen vorzuziehen

o *Korrelative Indikatoren:*

> Bedeutungsgehalt der Indikatoren ist nicht mehr gleich dem Bedeutungsgehalt der Begriffe, für die sie stehen: Unterscheidung zwischen internen und externen korrelativen Indikatoren

o *Intern korrelativ:*

> Indikatoren für Teilaspekte eines mehrdimensionalen Sachverhalts, wenn sie mit den übrigen Komponenten des definierten Begriffs korrelieren

o *Extern korrelativ:*

> Indikatoren für Sachverhalte, die *nicht* Bestandteil der Definition eines Begriffs sind, aber dennoch mit der begrifflich bezeichneten Merkmalsdimension korrelieren

o *Schlussfolgernde Indikatoren:*

Solche, von denen auf Merkmalsausprägungen von Variablen geschlossen werden kann, die überhaupt nicht direkt beobachtbar sind; Bsp. „Entfremdung" als dispositionale Eigenschaft: es müssen Korrespondenzregeln formuliert werden, die ihrerseits den Status von Hypothesen haben und dementsprechend falsch sein können

-   Klassifikationen von Indikatoren sagen etwas über ihre *Validität* (Gültigkeit) aus

o   Gültig ist ein Indikator dann, wenn er tatsächlich den Sachverhalt anzeigt, der mit dem definierten Begriff bezeichnet worden ist

-   Bei *definitorischen Indikatoren* sind definitionsgemäß der Bedeutungsgehalt des definierten Begriffs und der durch die Indikatoren angezeigt Objektbereich identisch

-   Bei *intern korrelativen Indikatoren* ist teilweise Gültigkeit gesichert: bei mehrdimensionalen Begriffen und wenn als Indikator für den gesamten Vorstellungsgehalt eine der Bedeutungsdimensionen beobachtbar werden, dann machen diese Indikatoren zumindest einen Teil des Bedeutungsgehaltes aus

-   Bei *externen korrelativen Indikatoren* ist die Gültigkeit ungewisser: Indikator korreliert zwar empirisch mit dem gemeinten Sachverhalt, ist aber nicht Bestandteil der Definition des Begriffs; lässt sich kein theoretischer Zusammenhang begründen, kann bei nächster Gelegenheit nicht überprüft werden, ob der empirische Zusammenhang noch besteht (z. B. Wohnzimmerausstattung)

-   Bei *schlussfolgernden Indikatoren* lässt sich der Zusammenhang zwischen Indikator und indiziertem Merkmal überhaupt nicht empirisch überprüfen, sondern ist auf den „Glauben" an die Theorie angewiesen

Verbale Reaktion $\longrightarrow$ Einstellung $\longrightarrow$ Verhalten in konkreten

(Antworten)   Situationen

-   Begrifflich bezeichnete *Sachverhalte*, die nicht direkt mit unseren Sinnen wahrnehmbar oder mit geeigneten Instrumenten feststellbar sind, müssen durch „Indikatoren" *indirekt erfahrbar* gemacht werden

-   *Indikatoren* sind solche empirischen Sachverhalte, die

o   direkt wahrnehmbar oder feststellbar sind

o   eindeutige Hinweise auf den *nicht direkt* erfahrbaren Sachverhalt liefern

    (siehe Beispiel: Wohnzimmerausstattung als Indikator für sozialen Status)

o   es sind *Korrespondenzregeln* anzugeben, je Art der Korrespondenzregeln unterschiedliche Arten von Indikatoren

-   Problem: die als Indikatoren bezeichneten Begriffe müssen begrifflich bezeichnet werden

o   *Indikator-Begriffe*

o   Zuordnung von Indikator-Begriffen zu theoretischen Begriffen als *empirische Interpretation*

4.2 Indexbildung

„Können die als relevant angenommenen Dimensionen zusammengefasst werden, oder müssen sie differenziert betrachtet werden?"

- Entscheidung ist abhängig von theoretischen Annahmen. Forschungsleitenden Hypothesen hatten zu der formalisierten Darstellung geführt (wie im Bsp. Bildung und Berufserfolg der Söhne)

- Vermutung: Bildung des Vaters beeinflusst Bildung des Sohnes und dessen späteren Berufserfolg; eine Zusammenfassung dieser beiden Teildimensionen zu einem Gesamtindex würde die vermuteten Unterscheide im Wirkungszusammenhang verwischen

- Eine Zusammenfassung der Teildimensionen zu einem Index ist nur dann zulässig, wenn

o Die Korrelationen *zwischen* den Index-Dimensionen (zwischen den Indikatoren *für* Teildimensionen) alle ein positives Vorzeichen haben und

o Wenn die Korrelationen der Teildimensionen (Indikatoren) mit der abhängigen Variablen alle das gleiche Vorzeichen haben (entweder alle positiv oder alle negativ)

- Verwendung *mehrerer* Indikatoren erhöht die Chance, Messungenauigkeiten zu verringern und den gemeinten „wahren" Sachverhalt eher abzubilden

- Falls mehrere Indikatoren zum gemeinten Begriff stark korrelieren, messen die teilweise identischen Aspekte den Sachverhalt, die anderen repräsentieren Abweichungen

- Ein Index würde die Abweichungen wechselseitig aufheben

- Beispiel 1. Index der Zufriedenheit mit der Wohnsituation (S. 170 f)

- Beispiel 2: Index der Stadtteileinbindung

- Bei jeder Indexkonstruktion sind zusätzliche Überlegungen und theoretische Absicherungen erforderlich, um den Realitätsgehalt der Daten nicht in Frage zu stellen

- *Forschungsartefakten:*

o Daten, die nicht „realitätsadäquat" sind

4.3 Operationalisierung

1. *Definition:*

o Verknüpfung von unbekannten Zeichen mit bekannten Zeichen

2. *Operationalisierung* sinngemäß:

o Verknüpfung von sprachlichen Zeichen (Begriffen) mit Sachverhalten durch Korrespondenzregeln o   Vorgehensweise, mit deren Hilfe entscheidbar wird, ob und in welchem Ausmaß der mit dem Begriff bezeichnete Sachverhalt vorliegt (Auswahl und Begründung der Indikatoren bei nicht direktem empirischen Bezug; Angabe von Datenerhebungsinstrumenten…)

o   Ist ein in der Forschung für *jeden* Begriff notwendiger *Übersetzungsvorgang* in Techniken/Forschungsoperationen

o   Ist eine *Handlungsanweisung* zur empirischen Anwendung von Begriffen sowohl mit direktem und indirektem empirischen Bezug

3.   Operationalisierung von Begriffen mit *indirektem* empirischen Bezug erfolgt maximal im Dreischritt:

1.   Auswahl und Begründung von Indikatoren, durch die der empirische Bezug hergestellt werden kann, Formulierung von Korrespondenzregeln

2.   Angabe und Begründung der Beobachtungsoperation, mit deren Vorliegen der Indikatoren (bzw. der direkt beobachtbaren Sachverhalte) festgestellt werden kann, sowie Angabe und Begründung des notwendigen Differenzierungsgrades der Beobachtungen und die Formulierung und Begründung der „Messvorschriften" für die Durchführung und Protokollierung der Beobachtungen; Ergebnis. Messinstrument

3.   Formulierung und Begründung von Vorschriften über die Zusammenfassung von Indikator-Einzelwerten zu einem Gesamtwert als „Messresultat" für den Begriff mit indirektem empirischem Bezug. Entfällt bei „eindimensionalen Begriffen"

4.3.1 Der Vorgang der Operationalisierung von Begriffen und von Aussagen

-       *Esser* unterscheidet vier Einzelschritte

1.   Exploration des Vorstellungsfeldes

o   Vorbereitende Erkundung der verschiedenen inhaltlichen Aspekte eines zunächst durch den zu operationalisierenden Begriff nur abstrakt bezeichneten Sachverhalts

o   Welche inhaltlichen Dimensionen gemeint sind; wie der Begriff in unterschiedlichen Kontexten verwendet wird

o   Ergebnis = Auflistung der verschiedenen unterschiedlich erscheinenden Dimensionen des Konstrukts

2.   Konzeptspezifikation

o   Konkretisierende Systematisierung des Gefundenen im Hinblick auf die Perspektive der durchzuführenden empirischen Untersuchung

o   Bedeutungsaspekte nach Homogenitätsgesichtspunkten zu gruppieren, dass jede Gruppe von Teilaspekten jeweils einer semantischen Dimension des Begriffs zugeordnet werden kann.

o   Jede Einzeldimension wird genau mit der latenten allgemeineren Dimension des Konstrukts verbunden o   Zugeordnete Einzelaspekte sollten so konkret sein, dass sie entweder schon Indikatorcharakter haben oder das semantische Feld für die Bestimmung von Indikatoren benennen

o   Aufgabe, die Brücke zwischen abstrahierender Theorieperspektive und dem Gegenstandsbereich, auf den sich die Theorie bezieht, zu schlagen

3.   Auswahl der Indikatoren

o   Umsetzung der theoretischen Vorstellung auf empirisch beobachtbare Äußerungen

o   Auswahl = Heranziehen der *für die Untersuchungssituation angemessenen beobachtbaren Sachverhalte* (z. B. theoretisches Konstrukt wie „sozialer Status" äußert sich bei uns anders als in einem Entwicklungsland)-> kulturell adäquate Indikatoren

o   Auswahl der Indikatoren durch bewusste Auswahl typischer Fälle

o   Zuordnung von Indikatoren zu den jeweiligen Begriffsdimensionen muss begründet und in Form von Korrespondenzregeln nachprüfbar festgeschrieben werden

4.   Indexbildung

o   Wenn zu *einer* Begriffsdimension *mehrere* Indikatoren ausgewählt wurden

o   Als methodische Regel empfohlen

o   Im konzeptionellen Teil der Operationalisierung möchte man Indikatoren wählen und definieren, dass sie semantisch eindeutig einer latenten Dimension (und nur zu dieser) zuzuordnen sind.

o   Ob dies empirisch gelungen ist, wird sich erst nach der Erhebung und Auswertung feststellen lassen

o   Empfehlenswert, Daten zu mehreren empirischen Sachverhalten zu erheben, um in der Analysephase die besten Indikatoren zu selektieren und ggf. noch zu einem Index zusammenzufassen

o   Geschieht einerseits um Redundanz zu vermeiden (Doppelungen)

o   Andererseits sollen durch Indexbildung Messungenauigkeiten ausgeglichen werden; Dimensionen sollen sich „im Durchschnitt" ausgleichen

➔   Operationalisierung einzelner Begriffe

-     *3 Aussageebenen der Operationalisierung*:

1.   Kerntheorie bzw. substantielle Theorie:

-     Besteht aus der Menge theoretisch relevanter und theoretisch definierter Begriffe (Konstrukte, theoretische Begriffe), die

-     Über theoretische Hypothesen miteinander verbunden sind, in Beziehung gesetzt werden

o   X verursacht Y; wenn X dann Y, oder X führt zu Y wenn gleichzeitig Z vorliegt

2.   Ebene der Beobachtungsaussagen

-       Wenn diese vorkommenden Begriffe operationalisiert sind, lassen sich analoge Aussagen für die „Beobachtungsebene" formulieren

-       In den *theoretischen Postulaten* (*Hypothesen*) wurde generell eine Auswirkung der sozialen Herkunft auf z. B. Bildung behauptet

-       Auf *Datenebene* kann sich nun herausstellen, dass das nicht der Fall ist (Status des Vaters habe Auswirkungen auf Berufserfolg, nicht aber die Bildung)

o   Die Theorie muss in dieser Form umformuliert werden; „soziale Herkunft" muss *schon auf der Theorie-Ebene* differenzierter konzipiert werden

o   Was ist dann mit der Weiterbildung als Auswirkung auf den Berufserfolg? Konsequenz könnte sein, dass nicht die ganze Theorie falsch ist, sondern nur die Operationalisierung misslungen ist: Weiterbildung nach Berufsausbildung kein Indikator für das Konstrukt Bildung sondern eher für Aufstiegsorientierung (dieser Indikator misst etwas anderes)

3.   Operationalisierung theoretischer Aussagen

o   Verknüpfung der Begriffe von Theorie- und Beobachtungssprache durch *Korrespondenzregeln:* Hypothesen und Theorien (theoretisches Modell, Ebene 1) müssen , um empirisch überprüfbar/kritisierbar zu sein, mit den Beobachtungsaussagen (Indikatoren, Ebene 2) verbunden werden

o   Dadurch, welche elementare Beobachtungsaussage welchen Zustand eines *empirischen Phänomens* anzeigt, das im theoretischen Model durch einen *Begriff* bezeichnet wird.

o   → Korrespondenzregeln: welcher empirische Sachverhalt mit dem theoretischen Sachverhalt korrespondiert; nehmen Zuordnung von Indikatoren zu Begriffen vor; geben Anweisungen für den Arbeitsschritt „Datenerhebung"

o   Zuordnung ist vielmehr eine Vermutung, dass die Indikatoren in angegebener Weise wirklich mit dem theoretisch definierten Begriff zusammenhängen

o   Empirisch zu interpretieren sind auch die Hypothesen; aus ihnen ist abzuleiten, welche „zusammengesetzten" Beobachtungsaussagen die empirische Untersuchung erbringen sollte, falls die Hypothesen zutreffen

→*Empirisch interpretierte Theorien bestehen also aus:*

-       theoretisch definierten Begriffen

-       theoretischen Postulaten (Hypothesen über den Zusammenhang der Begriffe)

-       Korrespondenzregeln

-       Indikatoren

-       Theorie-implizierte Beobachtungsaussagen (theoretische Basissätze)

4.3.2 Gültigkeit – ein „Gütekriterium" für die Operationalisierung

- operationale Vorschriften sind gültig, wenn

o bei der Ausführung der vorgeschriebenen Forschungsoperationen das gemessen wird, was gemessen werden soll, wenn also Transfer von der theoretischen Ebene zum Gegenstandsbereich gelingt

o Teilproblem ist die Indikatoren-Gültigkeit (wie schon beschrieben)

o Unterscheidung: Semantische und empirische Gültigkeit

- *Semantische Gültigkeit:*

o Verknüpfung von Konstrukt und Indikatorenbegriffen durch Korrespondenzregeln (entspricht dem Korrespondenzproblem)

o Betriff die Beziehung zwischen Sätzen, die die Definition angeben, wird die *Begriffsdefinition* in *operationale Vorschriften* übersetzt?

o Es ist nicht immer einfach, die bestmöglichen Indikatoren für einen begrifflich bezeichneten Sachverhalt zu finden

- *Empirische Gültigkeit:*

o Ob als Ergebnis der Datenerhebung die „Wahren Werte" über die Indikator-Sachverhalte vorliegen; Das Gültigkeitsproblem entspricht dem Basissatz-Problem

- *5 Ergebnisse der Überprüfung der semantischen Gültigkeit operationale Vorschriften (nach Zetterberg):*

1. Nominaldefinition von z. B. „Arbeitszufriedenheit"

   Operatioanlisierung soll aus Fragen der Arbeitszufriedenheit bestehen; zu jeder Bedeutungsdimension eine präzise Frage; Prüfung des Bedeutungsumfangs von nominal definiertem Begriff und operationaler Vorschrift, dass der Inhaltsbereich von beiden identisch ist

2. Nominaldefinition „Arbeitszufriedenheit" + Operationalisierung

   Operationalisierung kann zu eng sein; Definition umfasst zwar auch die o. g. operationale Vorschrift, aber darüber hinaus noch weitere Aspekte

3. *Operationalisierung zu weit;* „Ich lebe gerne in der Stadt X", geht über „Arbeitszufriedenheit" hinaus

4. *Operationalisierung ist nicht trennscharf;* „Ich schätze meine Freunde und Bekannten in der Stadt X";, vermischt sich mit Lebenszufriedenheit und Arbeitszufriedenheit

5. *Bedeutungsumfang der Nominaldefinition und der der operationalen Vorschrift weist überhaupt keine Schnittmenge auf; gar keine semantische Gültigkeit*

   Besonders bei Übersetzungsproblemen einer Fremdsprache

- *Wie geschiegt die Validitätsprüfung der empirischen Gültigkeit?*

o   Idealerweise beschränkt sich das Gültigkeitsproblem allein auf die Angemessenheit der Korrespondenzregeln für die Zuordnung der Indikatoren (semantische Gültigkeit)

o   z. B. Anzahl der entliehenen Bücher aus der Uni-Bibliothek: stimmen die Stichproben der Befragungen mit den Bibliotheksaufzeichnungen überein? Anzahl der tatsächlichen ausgeliehenen Bücher als Unterscheidung bei stärkeren und schwächeren Studenten?

o   Es können somit Informationsverzerrungen entstehen:

▪   Die im Instrument selbst liegen, oder

▪   Die in der Erhebungssituation auftreten

- *Systemische Fehler durch das Messinstrument* sind:

o   Mangelnde systemische Gültigkeit; Indikator nicht trennscharf

o   Messinstrument selbst als Auslöser von systemischen Verzerrungen (z. B. Fragebögen nicht verständlich genug...)

o   Verzerrungen bei Interviews, wenn z. B. Fragen nicht immer gleich gestellt werden oder die Befragten nicht ehrlich oder plausibel genug antworten, sich im positiven Licht darstellen wollen

- *Bei der Prüfung der empirischen Validität unterscheidet man zwischen den Strategien:*

o   *Inhaltsvalidität:*

Ob die Untersuchungsergebnisse *plausibel* erscheinen, alle untersuchungsrelevanten Dimensionen berücksicht wurden und ob Vorgehensweisen und Resultate mit dem bisherigen „state of art" und dem bisher akzeptierten Wissen kompatibel sind

o   *Kriteriumsvalidität:*

Ein zweiter Satz empirischer Daten über den Sachverhalt wird benötigt, der inhaltlich mit dem operationalisierten Begriff hinreichen stark zusammenhängt und als externes Prüfkriterium verwendet werden kann; sie gilt als hoch, wenn die Kriteriumsdaten mit den eigentlich interesseredren Daten hoch korrelieren

o   *Konstruktvalidität:*

Der zu operationalisierende theoretische Begriff („Konstrukt") kann in mehreren empirisch prüfbaren Zusammenhangshypothesen verwendet werden (siehe H-O-Schema); wen die gemessenen abhängigen Variablen („Dann-Komponenten") hinreichend hoch korrelieren, kann dies als valide Messung des Konstrukts gewertet werden

Empirische Sozialforschung Grundbegriffe der Stochastik

Absolutskala

Eine Skala, bei der die Beziehung der Ziffern auf der Skala im Hinblick auf Gleichheit, Rangfolge, Abstand und Verhältnis empirisch sinnvoll ausgewertet werden kann. Zusätzlich ist die Maßeinheit natürlich vorgegeben. Es existiert ein natürlicher Nullpunkt. Beispiele sind die Anzahl Bücher in einem Haushalt oder die Anzahl Semester bei Abschluss eines Studiums (SB 03607 S. 227).

Ausstrahlungseffekt (im Interview)

Auch halo effect genannt. Hierunter wird ein verzerrender Effekt bei der Frageanordnung bezeichnet. Die vorherige Frage bildet für die nächste Frage einen Bezugsrahmen und stellt den Hintergrund dar. Dies ist bei der Konstruktion eines Fragebogens zu berücksichtigen (SB 03607 S. 361).

Auswahleinheiten

Diejenigen Einheiten, auf die sich ein Auswahlplan bezieht (SB 03607 S. 258).

Basissatzdilemma

Dieses Problem entsteht dadurch, dass nicht eindeutig entschieden werden kann, ob eine Beobachtungsaussage die Realität „wahr" wiedergibt. Daher kann ein Fehlschluss entstehen. Wird z.B. eine Hypothese auf Grund einer Beobachtung, die ihr widerspricht, falsifiziert, kann es sein, dass die Hypothese doch richtig war und die Beobachtungsaussage falsch war. Gelöst wird dieses Problem dadurch, dass einerseits die Forschung dem jeweiligen besten methodischen Standards folgen soll und die Beobachtungsaussagen dann per Konvention anerkannt werden (SB 03607 S. 36ff).

Dimensionale Analyse

Eine Analyse des Gegenstandsbereichs, die Festlegung und Abgrenzung der relevanten Dimensionen der Wirklichkeit für die interessierende Fragestellung. Bei einer deskriptiven Aufgabenstellung die erste Aufgabe nach der Klärung der Fragestellung (SB 03607 S. 110f).

Empirische Inhaltsanalyse

Forschungstechnik, mit der man aus jeder Art von Bedeutungsträgern durch systematische und objektive Identifizierung ihrer Elemente Schlüsse ziehen kann, die über das einzelne analysierte

Dokument hinaus verallgemeinerbar sein sollen. Bedeutungsträger können z.B. sein Zeitungsartikel, Interviews, Filme usw.(SB 03607 S. 301).

Empirische Theorie

Hierunter wird verstanden: Ein System widerspruchsfreier Aussagen (Sätze, Hypothesen) über den jeweiligen Untersuchungsgegenstand mit den zugehörigen Definitionen der verwendeten Begriffe (SB 03607 S. 42).

Empirischer Basissatz

Dieser singuläre Satz ist eine Beobachtungsaussage, er protokolliert die Beobachtung. Synonyme sind auch Protokollsatz, Protokollaussage (SB 03607 S. 34, S. 85ff).

Erhebungseinheiten

Diejenigen Einheiten, bei denen Informationen erhoben werden; diese sollen in der Stichprobe repräsentativ vertreten sein (SB 03607 S. 258).

Explanandum

Im deduktiv-nomologischen Erklärungskonzept von Hempel und Oppenheim die zu erklärende Komponente. Eine singuläre, empirisch überprüfbare Aussage, die durch ein (oder mehrere) nomologische(s) Gesetz(e) und vorliegende Randbedingungen erklärbar oder prognostizierbar ist (SB 03607 S. 81).

Explanans

Im deduktiv-nomologischen Erklärungskonzept von Hempel und Oppenheim die erklärenden Komponenten, bestehend aus (mindestens) einem nomologischen Gesetz und den/der Randbedingung(en) (SB 03607 S. 81).

Falsifikation

Widerlegung von räumlich und zeitlich nicht eingegrenzten Aussagen (All-Aussagen) durch eine Beobachtung, die dieser All-Aussage widerspricht. Für Existenzaussagen ist diese Widerlegung nicht möglich. Der Kritische Rationalismus verfolgt den Weg, All-Aussagen zu formulieren und dann einer Überprüfung durch die Konfrontation mit der Realität durch den Versuch der Widerlegung durchzuführen (SB 03607 S. 30).

Filterfragen in einem Interview

Diese Fragen dienen dazu, während des Interviews bestimmte Untergruppen von Befragten zu bilden, für die je spezielle Fragen zu stellen sind (SB 03607 S.359).

Frequenzanalyse

Empirische Inhaltsanalyse, bei der die Häufigkeiten des Auftretens bestimmter Themen / bestimmter Elemente in einem Text ausgewertet werden (SB 03607 S. 322).

Geschichtete Auswahl

Die Grundgesamtheit wird zunächst auf Teilgrundgesamtheiten aufgeteilt. Aus diesen Teilgrundgesamtheiten werden dann per Zufallsauswahl die jeweiligen Stichproben gezogen. Gegebenenfalls können disproportionale Stichproben für die Teilpopulationen gezogen werden um dadurch für kleinere Teilgesamtheiten dennoch ausreichend Fälle in der Stichprobe zur Verfügung zu haben. Diese Auswahl zählt zu den komplexen Zufallsverfahren (SB 03607 S. 285f).

Grundgesamtheit

Hierunter wird diejenige Menge von Individuen, Fällen, Ereignissen verstanden, auf die sich die Aussagen der Untersuchung beziehen sollen und die im Hinblick auf die Fragestellung und die Operationalisierung vorher eindeutig abgegrenzt werden muss (SB 03607 S. 255).

Hauptprinzip des Kritischen Rationalismus

Das Hauptprinzip dieser von Karl Popper vertretenden Position fordert, dass alle Aussagen an der Erfahrung überprüfbar sein müssen, sie sich in der Konfrontation mit der Realität bewähren müssen (SB 03607 S. 28).

Hypothesen

Im Kontext sozialwissenschaftlicher Theorien werden diese definiert als eine Vermutung über einen Zusammenhang zwischen mindestens zwei Sachverhalten (SB 03607 S. 42). Es werden hierfür raum-zeitunabhängige Aussagen gefordert und diese müssen an der Realität scheitern können (SB 03607 S.31)

Index

Zusammenfassung der Indikatoren für Teildimensionen eines Begriffes. Diese Zusammenfassung ist nur zulässig, wenn die Korrelation zwischen den Teildimensionen alle positiv sind und die

Korrelation der Teildimensionen mit der abhängigen Variable alle das gleiche Vorzeichen haben (SB 03607 S.169).

Indikator

Empirische Sachverhalte, die direkt wahrnehmbar oder feststellbar sind und die eindeutige Hinweise auf den einen nicht direkt erfahrbaren Sachverhalt liefern (SB 03607 S. 167).

Informationsabruf (Interviewsituation)

Bei solchen Interviews werden Fragen so gestellt, dass der Befragte möglichst situationsunabhängige, wohlüberlegte Angaben macht. Der Befragte soll den roten Faden der Fragen erkennen (SB 03607 S. 360).

Intensitätsanalyse

Empirische Inhaltsanalyse, bei der Häufigkeiten des Auftretens bestimmter Themen / bestimmter Elemente in einem Text, deren Trend der Bewertung (positiv/negativ) und das Ausmaß der Bewertung ermittelt werden (z.B. stark positiv) (SB 03607 S. 323).

Intervallskala

Eine Skala, bei der die Beziehung der Ziffern auf einer Skala im Hinblick auf Gleichheit, Rangfolge und Abstand empirisch sinnvoll ausgewertet werden kann. Beispiele sind die Temperatur in °C, Geburtsjahr (SB 03607 S. 204f).

Klumpenauswahl

Bei dieser Auswahl bezieht sich der Auswahlplan auf Teilkollektive. Die Teilkollektive selbst sind dabei nicht die interessierenden Untersuchungseinheiten sondern die Bestandteile der Teilkollektive (z.B. die Schüler/ Schülerinnen einer Schulklasse). *Alle* Bestandteile eines ausgewählten Teilkollektivs müssen für diese Art der Auswahl in die Erhebung eingehen (also z.B. alle Schüler/Schülerinnen einer ausgewählten Schulklasse werden befragt, nicht nur ein Teil der Klasse) (SB 03607 S. 288).

Kontingenzanalyse

Empirische Inhaltsanalyse, die nicht nur nach Häufigkeit des Auftretens eines sprachlichen Elements und dessen Bewertung fragt sonder zusätzlich erfasst, in welchem Zusammenhang mit anderen sprachlichen Elementen diese erscheinen (SB 03607 S. 323).

Korrespondenzregeln

Postulate die festlegen, welcher beobachtbare Sachverhalt als Hinweis (als „Indikator") auf einen theoretisch gemeinten Sachverhalt gelten soll (SB 03607 S. 181).

Natürliche Beobachtungssituation

Beobachtungskontext wird nicht künstlich geschaffen. In diesen Beobachtungssituationen sind sowohl verdeckte als auch offene, sowohl systematische als auch unsystematische, sowohl Fremd- als auch Selbstbeobachtungen und schließlich sowohl systematische als auch unsystematische Beobachtungen möglich (SB 03607 S. 328f).

Nominaldefintion

Festlegung der Bedeutung eines Begriffs (des Definiendums) durch einen bereits bekannten Begriff oder durch mehrere bereits bekannte Begriffe (Definiens). (SB 03607 S. 145) Solche Definitionen können nicht falsch sein, u.U. aber unzweckmäßig. Diese Definitionen sind in der Formulierung zu erkennen z.b. werden sie kenntlich gemacht durch Ausdrücke wie „Im Folgenden ist unter XXX zu verstehen.." „XXX ist definiert als ..." „Unter XXX soll verstanden werden" (SB 03607 S. 156).

Nominalskala

Eine Skala, bei der die Beziehung zwischen den Ziffern der Skala nur im Hinblick der Gleichheit bzw. Ungleichheit der Werte empirisch sinnvoll ausgewertet werden kann. Beispiel sind die Abbildung des Geschlecht (z.B. männlich/ weiblich) oder Fachrichtung eines Studiums (Mathematik, Bildungswissenschaften, Psychologie....) auf einer Skala.(SB 03607 S. 203)

Operationalisierung

Hierunter wird die Verknüpfung eines Begriffs mit Sachverhalten durch Korrespondenzregeln verstanden. Es werden die Vorgehensweisen genannt, die notwendig sind um zu entscheiden, ob und in welchem Ausmaß ein Sachverhalt vorliegt (es wird also ein Begriff „messbar" gemacht). Hierzu gehören z.B. die Auswahl und Begründung von Indikatoren, die Erstellung eines Fragebogens sowie die Angaben, wie das Messinstrument zu verwenden ist und wie die Daten protokolliert werden sollen (SB 03607 S. 173).

Ordinalskala

Eine Skala, bei der die Beziehung zwischen den Ziffern der Skala im Hinblick der Gleichheit bzw. Ungleichheit und der Rangfolge der Werte empirisch sinnvoll ausgewertet werden kann. Beispiel sind eine Abbildung der sozialen Schicht oder der erreichte Bildungsabschluss auf einer Skala (SB 03607 S. 204).

overcoverage

Übererfassung: Die Erhebungs-Grundgesamtheit (auch Auswahl-Grundgesamtheit) ist größer als die eigentlich gemeinte (angestrebte) Grundgesamtheit. (SB 03607 S. 256)

Panel-Analyse

Eine Längsschnittuntersuchung, bei der die Daten immer für die gleichen (identischen) Untersuchungseinheiten erhoben werden (SB 03607 S. 66).

Quotenauswahl

Bei diesem Auswahlverfahren werden Merkmale und die Verteilung der zugehörigen Ausprägungen für die auszuwählenden Einheiten in der Stichprobe vorgegeben (z.B. 30% alleinerziehende Mütter). Im Rahmen dieser Vorgaben hat der Interviewer freie Hand, wen er befragt. Dadurch ist eine zufällige Auswahl nicht gewährleistet, das Auswahlverfahren kann als geschichtetes willkürliches Auswahlverfahren bezeichnet werden. (SB 03607 S 269).

Random-Route-Verfahren

Verfahren des Zufallswegs. Es wird an einem per Zufallsverfahren ermittelten Startpunkt begonnen. Die Ziehung der Zielperson findet dadurch statt, dass der Interviewer von diesem Startpunkt einem vorgegebenen Weg und Anweisungen (unabhängig vom Startpunkt) folgt (SB 03607 S. 290).

Ratioskala

Eine Skala, bei der die Beziehung der Ziffern auf einer Skala im Hinblick auf Gleichheit, Rangfolge, Abstand und Verhältnis empirisch sinnvoll ausgewertet werden kann. Diese Skalen haben einen natürlichen Nullpunkt. Beispiel sind die Temperatur in K oder das Einkommen in Euro/Monat (SB 03607 S. 205f).

Reaktionsexperiment (Interviewsituation)

Bei Interviews dieser Art sollen die Befragten keinen roten Faden in dem Interview erkennen, idealer Weise ist ihre Rolle die einer „Versuchsperson", die auf die Fragen als „Stimulus" reagieren, möglichst unabhängig von anderen „Stimuli" (SB 03607 S. 360).

Realdefinition

Diese Definitionsart sind Behauptungen über die Beschaffenheit oder über das „Wesen" eines Phänomens. Sie machen Aussagen über Eigenschaften eines Gegenstandes oder Sachverhaltes, die im Hinblick auf diesen Gegenstand/Sachverhalt für wesentlich gehalten werden. Sie müssen sich bewähren und können richtig oder falsch sein. Formuliert werden sie z.B. wie folgt. „XXX sind .." „Wesentlich für XXX ist.."(SB 03607 S. 155f).

Reliabilität

Ein synonymer Ausdruck für die Zuverlässigkeit. Ohne Zuverlässigkeit ist keine Gültigkeit möglich, Zuverlässigkeit ist notwendige Voraussetzung für Gültigkeit. Zuverlässigkeit ist gegeben, wenn die Messergebnisse stabil sind, also die unsystematischen Messfehler (Streuung) gering sind. Unterschieden werden die interinstrumentelle, intersubjektive und intertemporale Zuverlässigkeit (SB 03607 S. 239ff).

Repräsentative Stichprobe

Eine solche Stichprobe ist ein „verkleinertes Abbild" einer angebbaren Grundgesamtheit. Es besteht Kongruenz zwischen theoretisch definierter („angestrebter") Gesamtheit und tatsächlich durch die Stichprobe abgebildeter Gesamtheit (SB 03607 S. 262).

Response sets

Es handelt sich um Antwortverhalten-Tendenzen bei Befragungen, die die Gültigkeit der Befragung negativ beeinflussen. Zum einen ist dies die Tendenz, unabhängig vom Fragegegenstand zuzustimmen (Bejahungstendenz), zum anderen die Tendenz, sich bei der Beantwortung von Fragen an der sozialen Erwünschtheit zu orientieren (SB 03607 S. 383).

Semantische Analyse

Analyse der Bedeutungsdimensionen von Begriffen, von sprachlichen Zeichen. Es wird untersucht, was dieser Begriff bedeutet und nach welchen (semantischen) Regeln bei der Anwendung dieses Begriffes auf die Realität entscheiden werden kann, ob ein Sachverhalt unter das mit dem Begriff „Gemeinte" fällt. Sie ist einer der ersten Arbeitsschritte bei einer theorie- oder hypothesentestenden Unter-suchung (SB 03607 S. 108, S. 137).

Survey Erhebung

Querschnittserhebung von Daten zur Beschreibung und Diagnose eines interessierenden Sachverhalts zu einem Zeitpunkt (SB 03607 S. 98).

Systematische Beobachtung

Beobachtungen mit einem standardisierten Schema. Die Standardisierung bezieht sich auf die Auswahl der zu beobachtenden Situationen, die Konstruktion der Stichprobe, der Definition der Zähleinheiten und der Entwicklung eines Kategorieschemas (SB 03607 S. 329ff).

Systematische Zufallsauswahl

Ein Auswahlverfahren, bei dem der erste zu ziehende Fall per Zufallsauswahl ausgewählt wird und die weiteren zu ziehende Fälle von diesem „Startwert" aus nach vorher festgelegten Regeln ermittelt werden Beispiel, es wird ein Eintrag in einer Kartei per Zufall bestimmt, danach wird von diesem Startpunkt jeder 10. Eintrag gewählt (SB 03607 S. 282).

Theoretischer Basissatz

Dies ist ein deduktiv aus der Hypothese abgeleiteter singulärer Satz, der eine Behauptung über die Realität aufstellt. Dabei wird mit „ Beobachtungsbegriffen" formuliert (SB 03607 S. 85ff).

undercoverage

Untererfassung, Die Erhebungs-Grundgesamtheit (auch Auswahl-Grundgesamtheit) ist kleiner als die eigentlich gemeinte (angestrebte) Grundgesamtheit (SB 03607 S. 256).

Untersuchungseinheiten

Diejenigen Einheiten, auf die sich die Untersuchung bezieht, über die die Ergebnisse einer Studie eine Aussage machen (SB 03607 S. 260).

Valenzanalyse

Empirische Inhaltsanalyse, bei der neben Häufigkeiten des Auftretens bestimmter Themen / bestimmter Elemente in einem Text auch deren Trend der Bewertung mit erfasst werden (SB 03607 S. 322).

Validität

Ein synonymer Ausdruck hierfür ist die Gültigkeit. Sie ist gewährleistet, wenn durch die Ausführung der vorgeschriebenen Forschungsoperationen gemessen wird, was gemessen werden soll. Eine Voraussetzung dafür ist die Zuverlässigkeit der Daten (notwendige Bedingung). Es werden die semantische und die empirische Gültigkeit unterschieden. (SB 03607 S. 182ff)

Verifikation

Bestätigung einer Existenzaussage durch die Beobachtung eines übereinstimmenden Falles. Für All-Aussagen ist diese Bestätigung nicht endgültig möglich (SB 03607 S. 30,31).

Werturteilsfreiheits-Postulat

Für den Kritischen Rationalismus wird hier gefordert: Innerhalb des Begründungszusammenhangs erfahrungswissenschaftlicher Forschung ist auf andere als wissenschaftsimmanente Wertungen zu verzichten (SB 03607 S. 77).